À luz do Consolador

Yvonne A. Pereira

À luz do Consolador

Copyright © 1979 *by*
FEDERAÇÃO ESPÍRITA BRASILEIRA – FEB

4ª edição – Impressão pequenas tiragens – 4/2025

ISBN 978-85-7328-718-9

Todos os direitos reservados. Nenhuma parte desta publicação pode ser reproduzida, armazenada ou transmitida, total ou parcialmente, por quaisquer métodos ou processos, sem autorização do detentor do *copyright*.

FEDERAÇÃO ESPÍRITA BRASILEIRA – FEB
SGAN 603 – Conjunto F – Avenida L2 Norte
70830-106 – Brasília (DF) – Brasil
www.febeditora.com.br
editorial@febnet.org.br
+55 61 2101 6161

Pedidos de livros à FEB
Comercial
Tel.: (61) 2101 6161 – comercial@febnet.org.br

Adquirindo esta obra, você está colaborando com as ações de assistência e promoção social da FEB e com o Movimento Espírita na divulgação do Evangelho de Jesus à luz do Espiritismo.

Dados Internacionais de Catalogação na Publicação (CIP)
(Federação Espírita Brasileira – Biblioteca de Obras Raras)

P436l   Pereira, Yvonne do Amaral, 1900–1984

À luz do consolador: (estudos sobre fenômenos e fatos transcendentes devassados pela mediunidade, sob a orientação dos Espíritos guias da médium) / Yvonne A. Pereira. – 4. ed. – Impressão pequenas tiragens – Brasília: FEB, 2025.

216 p.; 23 cm – (Coleção Yvonne A. Pereira)

ISBN 978-85-7328-718-9

1. Mediunidade. 2. Espiritismo. I. Pereira, Yvonne A. (Yvonne do Amaral), 1900-1984. II. Federação Espírita Brasileira. III. Título. IV. Coleção

CDD 133.93
CDU 133.7
CDE 80.01.00

Sumário

À guisa de apresentação 7
Dados biográficos de Yvonne A. Pereira para a Federação Espírita Brasileira 9
A vitória sobre a morte 31
A verdade mediúnica 35
A grande doutrina dos fortes 41
O estranho mundo dos suicidas 47
Aos jovens espíritas 53
Incompreensão 59
Mediunidade e doutrina 63
O grande compromisso 67
O melhor remédio 71
No tempo das mesas 75
Preces especiais 79
Tormentos voluntários 83
Detalhes 89
Destino e livre-arbítrio 95
Sonhos... 99
Um pouco de raciocínio 105
A força do exemplo 111
O grande esquecido 115

Blasfêmia	121
O livro que faltava	125
Panorama	129
Os espinhos da mediunidade	133
Necessidade de sublimação	139
Os segredos do túmulo	145
Convite ao estudo (1)	149
Um estranho caso de obsessão	153
Também os pequeninos...	161
Emmanuel Swedenborg	167
Obsessão	173
Ontem como hoje	179
Psicografia e caridade	187
Convite ao estudo (2)	193
Página dolorosa	201
Depois do calvário	207

À GUISA DE APRESENTAÇÃO

O presente volume enfeixa um conjunto de artigos da médium Yvonne do Amaral Pereira, publicados no mensário Reformador *entre os anos 60 e 80. São substanciosas peças, sob múltiplos aspectos valiosas, pois se estruturam, em sua concepção, num excelente e sempre atual conteúdo doutrinário, na inequívoca inspiração dos Espíritos superiores e na experiência da própria médium, seja do ponto de vista da prática do Espiritismo, seja do ponto de vista do seu conhecimento da vida e da alma humana.*

Não temos aqui meros exercícios lítero-doutrinários, de eficácia restrita, limitada no tempo e no espaço e, portanto, descartáveis, o que, aliás, não justificaria a sua publicação. Trata-se, muito ao contrário, de lições permanentes, de validade duradoura e — afirmamo-lo sem qualquer hesitação — oportuníssimas, indispensáveis mesmo no presente momento do Movimento Espírita, quando os critérios seguros que o fizeram forte e respeitado no passado já vão sendo esquecidos, negligenciados, substituídos por práticas e conceitos duvidosos, por princípios estranhos à própria Doutrina e, o que é mais lamentável, por atitudes distantes da ética que deve primar entre os adeptos do Consolador Prometido por Jesus.

As peças concebidas pela abençoada e inspirada pena de Yvonne A. Pereira resgatam esses critérios, apontam-nos como o norte ideal para os trabalhos dos espíritas, porque a fidelidade a eles foi o sustentáculo da médium em sua longa carreira de servidora da magna Causa da restauração do Cristianismo.

Ao leitor também convém saber que a matéria aqui reapresentada apareceu no Reformador *sob o pseudônimo* Frederico Francisco, *como sentida homenagem da médium ao genial compositor polonês* Frédéric François Chopin, *a quem ela se sentiu estreitamente unida por laços afetivos do passado. A quem quiser se inteirar do grau de afeição que ambos — Yvonne e Chopin — nutriam, um pelo outro, sugerimos a leitura do capítulo* Frederico Chopin na Espiritualidade, *do livro* Devassando o invisível, *escrito por ela sob a inspiração de seus guias espirituais.*

Que o leitor bem aproveite o precioso conteúdo da presente obra, transferindo suas lições para a conduta diária, para a prática da celeste Doutrina que Yvonne A. Pereira tanto amou e respeitou.

A Editora
Rio de Janeiro (RJ), 14 de julho de 1997.

Dados biográficos de Yvonne A. Pereira para a Federação Espírita Brasileira[1]

1 – Filiação

Nasci a 24 de dezembro de 1906, após um baile na residência de minha avó materna, num sítio nos arredores da Vila de Santa Teresa, município de Valença, Estado do Rio de Janeiro, hoje cidade de Rio das Flores.

Meus pais eram o então pequeno negociante Manoel José Pereira (filho) e sua esposa Elizabeth do Amaral Pereira.

Tive como avós paternos o ourives Manoel José Pereira e Isabel Guimarães Pereira, e maternos, o Capitão-Médico do Exército, veterano da guerra do Paraguai, Brás Cupertino do Amaral e Francelina Glória do Amaral, ambos da sociedade do Rio de Janeiro, ao tempo do Império.

Por linha paterna, certamente que descendo de judeus portugueses, como eram todos os portugueses para aqui emigrados há mais de um século, pois meus tetravôs, portugueses de nascimento, assim como meu

---

[1] N.E.: Extraídos das edições de *Reformador* de janeiro e fevereiro de 1982.

bisavô, judeus batizados e cristianizados em Portugal, emigraram para o Brasil fugindo às perseguições religiosas ainda lá existentes no seu tempo, não obstante já se terem convertido ao Catolicismo por essa época; e também descendo de índios brasileiros da tribo Goitacás, pois que minha bisavó paterna era índia Goitacás, encontrada perdida nas matas do Norte do Estado do Rio com idade de 5 anos presumíveis, durante uma caçada promovida por meu tetravô, rico fazendeiro português no Brasil, o qual, mais tarde, casou-a com o seu próprio filho, isto é, meu bisavô.

Tive cinco irmãos mais moços do que eu e um mais velho, filho do primeiro matrimônio de minha mãe.

2 – CRIAÇÃO

Meu pai era generoso de coração, muito desinteressado dos bens de fortuna, e por essa razão não pôde ser bom negociante. Por três vezes foi negociante e arruinou-se, visto que favorecia os fregueses em prejuízo próprio. De negociante, portanto, passou a funcionário público até a sua desencarnação, verificada em janeiro de 1935.

Fui criada com muita modéstia, mesmo pobreza, conheci dificuldades de todo gênero, coisa que me beneficiou muito, pois bem cedo me alheei das vaidades do mundo e aprendi a conformidade com a minha humilde condição social, compreendendo também as necessidades do próximo. Aprendi, assim, com meus pais, a servir o próximo mais necessitado do que nós, pois, em nossa casa, eram acolhidas com carinho e respeito, e até hospedadas, pobres criaturas destituídas de recursos e até mesmo mendigos, alguns dos quais foram por eles sustentados durante muito tempo. Em meu livro *Recordações da mediunidade*, refiro-me a esses hábitos caridosos de meus pais, hábitos por eles herdados também de seus antepassados.

Até aos 10 anos de idade, porém, vivi, principalmente, sob os cuidados de minha avó paterna, em vista das anormalidades experimentadas em minha infância com as reminiscências de minha passada existência, anormalidades que não me permitiram viver na casa paterna devido ao fato de minha mãe, rodeada de outros filhos, não dispor de possibilidades para atender aos meus incomodativos complexos trazidos de outras vidas. A partir dos 10 anos habitei com meus pais e vivi em várias localidades do Estado de Minas Gerais, onde acabei de me criar, até que, com a desencarnação de meus pais, verificada já de volta ao Estado do Rio de Janeiro, nosso lar foi desfeito e passei a viver em companhia de minha irmã casada Amália Pereira Lourenço, com pequenos intervalos, onde, suponho, ficarei até a minha desencarnação.

3 – Instrução

Ao contrário do que muitos amigos supuseram a meu respeito, não sou professora diplomada nem fiz outro qualquer curso escolar, a não ser o primário, fato que, para mim, constituiu grande provação.

Durante minha juventude um funcionário público, como meu pai, não tinha condições financeiras para fornecer nem mesmo um curso normal a um filho, mesmo porque as escolas eram raras no interior do Brasil, e por isso não me foi possível aproveitar a vocação por mim trazida do berço para o magistério e a literatura. Mas sempre estudei sozinha, até duas horas da madrugada, e o que pude aprender nessas condições eu aprendi. Aos 12 anos de idade eu já escrevia literatura, e tão rápida e facilmente o fazia que, suponho, se tratava antes de um fenômeno de psicografia. No entanto, aprendi um pouco de música com excelente professor, cheguei a dedilhar o piano mas, não podendo prosseguir com esse estudo por dificuldades invencíveis, fui obrigada a renunciar também a esse ideal. Essa era a minha provação: renunciar sempre, renunciar também ao desejo de estudar. Mas fui muito habilitada em prendas domésticas, como o eram a maioria das jovens do meu tempo: bordados, costuras, pintura, flores, crochês, rendas, etc. Recebi educação patriarcal, severa, afastada da sociedade, sem viver no mundo, aplicada, de preferência, ao trabalho mental, fato que se por um lado favoreceu-me, mais tarde, o recolhimento necessário à tarefa mediúnica, por outro prejudicou-me, pois tornei-me excessivamente tímida, triste, dificultando-me a luta pela vida quando, ao perder meus pais, necessitei trabalhar para viver, numa cidade como o Rio de Janeiro. Trabalhei numa casa de modas durante algum tempo, mas jamais me adaptei aos ambientes que tinha de suportar e preferi trabalhar em casa, por minha própria conta.

4 – Instrução religiosa

Nasci em ambiente espírita, por assim dizer, e por isso nunca tive outra crença senão a espírita. Meu pai tornou-se espírita, embora não militante, desde antes do meu nascimento, tanto assim que, logo nos primeiros dias de minha vida terrena, ele perguntou, irreverentemente, a um médium do seu conhecimento:

— Pergunta aos Espíritos quem foi esta menina em outra existência... — o que revela que, já naquele tempo, havia a curiosidade, ou a pretensão de sabermos o que fomos em outras épocas.

O médium concentrou-se e respondeu, após alguns minutos:

— Ela teve uma existência em que foi camponesa na Bélgica... Seu passado foi tumultuoso... — o que mais tarde os acontecimentos confirmaram.

Recebi, portanto, de meu próprio pai as primeiras lições de doutrina e prática de Espiritismo e Evangelho. Ele fazia, já naquele tempo, reuniões de estudos doutrinários com os filhos, semanalmente, o que a todos nos solidificou na Doutrina Espírita. Tive professoras católicas e até frequentei o catecismo, mas não acatei o ensinamento católico, embora sempre respeitasse a Igreja, como respeitei todas as religiões.

Ao completar os 12 anos de idade, meu pai pôs em minhas mãos *O evangelho segundo o espiritismo* e *O livro dos espíritos*, de Allan Kardec, os quais me acompanharam na travessia da vida e que estudo até agora, sem jamais me cansar da sua leitura. São esses os meus livros preferidos de toda a bibliografia espírita, a par de *O livro dos médiuns*. Aliás, eu sempre acatei e venerei, mesmo, toda a obra da Codificação Espírita.

Aos 13 anos comecei a assistir a sessões práticas de Espiritismo, as quais muito me encantavam, pois eu via os Espíritos se comunicarem, inclusive Bezerra de Menezes e demais assistentes espirituais. Fiz, assim, um grande aprendizado de prática espírita desde a adolescência, o qual muito tem valido aos meus variados desempenhos na seara espírita.

5 – MEDIUNIDADE

A mediunidade apresentou-se em minha vida ainda na infância, conforme relato em o livro *Recordações da mediunidade*. Com um mês de idade, ia sendo enterrada viva devido a um fenômeno de catalepsia, "morte aparente", que sofri, fenômeno que no decorrer de minha existência repetiu-se muitas vezes. Aos 5 anos eu já via Espíritos e com eles falava, e assim continuei até os dias presentes. Nunca desenvolvi a mediunidade, ela apresentou-se por si mesma, naturalmente, sem que eu me preocupasse em atraí-la, pois, em verdade, não há necessidade em se desenvolver a faculdade mediúnica, ela se apresentará sozinha, se realmente existir, e se formos dedicados às operosidades espíritas.

A primeira vez em que me sentei em uma mesa de sessão prática recebi uma comunicação do Espírito Roberto de Canalejas, tratando de suicídios, Espírito que me aparecia e comigo falava desde minha primeira infância. Antes, porém, já eu me desdobrava em corpo espiritual, pois também esta faculdade apresentou-se na infância.

Como médium psicógrafo, trabalhei a vida inteira, desde 1926 até 1980, como receitista, assistida por entidades de grande elevação, como Bezerra de Menezes, Bittencourt Sampaio, Augusto Silva, Charles, Roberto de Canalejas e outros cujos nomes nunca soube. Fui e até hoje sou médium conselheira (ver *O livro dos médiuns*, classificação dos médiuns), psicoanalista e passista, assistida pelos mesmos Espíritos.

Como médium de incorporação não fui da classe de sonambúlicos, mas falante (ver *O livro dos médiuns*) e tive especialidade para os casos de obsessão e suicidas, e um longo trabalho tenho exercido nesse setor.

Fui igualmente médium de efeitos físicos (materializações) e cheguei a realizar algumas materializações a revelia da minha vontade, naturalmente, sem o desejar, durante sessões do gênero a que eu assistia, em plena assistência, isto é, sem cabina ou outra qualquer formalidade. Eram luminosas essas materializações. Mas não cheguei a me interessar por esse gênero de fenômeno, nunca o apreciei e não o cultivei, mesmo a conselho de Bezerra de Menezes e Charles, que não viam necessidade de me dedicar a tal setor da mediunidade.

No entanto, minhas outras faculdades foram cultivadas com muito amor, perseverança e respeito, tendo eu seguido fielmente as prescrições de *O livro dos médiuns*, sem nunca sofrer decepções ao obedecê-las. Segui sempre as orientações dos livros básicos e dos próprios guias que por mim velavam, e, entre os humanos, observei orientações do eminente espírita Zico Horta, de Barra Mansa, que me guiou, no meu início, com grande critério e espírito de fraternidade. Desde o ano de 1926 exerço a mediunidade sem desfalecimentos, e pode-se mesmo dizer que a minha maior tarefa no campo espírita foi através da mediunidade, principalmente no setor de receituário e passes para curas, que pratico há cinquenta e quatro anos. Fui também médium orador. Falei na tribuna espírita assistida pelos mentores espirituais do ano de 1927 ao ano de 1971, quarenta e quatro anos, portanto, só abandonando esse setor por ordem dos mesmos guias espirituais. No entanto, nunca viajei para esse serviço. Falava apenas nas localidades onde residia.

Pratiquei também a literatura mediúnica em livros, crônicas, contos, etc., *mas jamais em mensagens*. Estas somente me eram concedidas para conselhos e orientações pessoais aqueles que me procuravam. Colaborei em vários jornais do interior do país e também em *Reformador*, órgão da Federação Espírita Brasileira, sob o pseudônimo de Frederico Francisco, em homenagem ao meu caro amigo espiritual Frédéric François Chopin.

6 – CURAS

Durante cinquenta e quatro anos e meio pratiquei curas espíritas através do receituário homeopata e passes e até através de preces. Consegui, muitas vezes, curas em obsidiados com certa facilidade, coadjuvada por companheiros afins. Senti sempre um grande amor pelos Espíritos obsessores e sempre os tive como amigos. Fui correspondida por eles e nunca me prejudicaram. Curava obsessões, porém, se Deus o permitia, não só no recinto dos centros espíritas, em sessões organizadas, mas também em serviços de passes, em gabinetes apropriados, servindo-me de médiuns auxiliares, e até na residência dos próprios doentes. Conservei-me sempre espírita e médium muito independente, jamais consenti que a direção dos núcleos onde trabalhei bitolasse e burocratizasse as minhas faculdades mediúnicas. Consagrei-as aos serviços de Jesus e apenas obedecia, irrestritamente, a Igreja do Alto, e com elas exercia a caridade a qualquer dia e hora em que fosse procurada pelos sofredores. Para isso, aprofundei-me no estudo severo da Doutrina, a fim de conhecer o terreno em que caminhava e conservar com razão a minha independência. No entanto, observei a rigor o critério e os horários fixados pelos poucos centros onde servi, mas jamais me submeti a burocracia mantida por alguns. Se não me permitiam atender necessitados no centro, por isso ou por aquilo, em determinados dias, eu os atendia em qualquer outra parte, fosse em minha residência ou na deles, e assim consegui curas significativas, pois aprendi com o Evangelho e a Doutrina Espírita que não há hora nem dia para se exercer o bem.

Diariamente mantinha um significativo trabalho de passes e irradiações beneficentes onde quer que residisse. Eram verdadeiras sessões, que eu realizava a sós com Deus e os meus guias, durante as quais orava pelos desencarnados e lia trechos de Doutrina Espírita ou de Evangelho oferecidos aos mesmos, pedindo a Jesus que os fizesse ouvi-los e coparticipar de minhas preces. Muitas vezes via-me rodeada dessas entidades durante esse trabalho, via-as reconfortadas e satisfeitas, e assim consegui dilatar o meu coração em um grande amor por todas elas. Incluo nesse número muitos obsessores, e sei que, ao desencarnar, grande número de amigos me esperam no Além a fim de, por sua vez, me ajudarem também. Orava ainda pelos sofredores encarnados, pelos amigos, etc., e após pedia as consultas e receituário solicitados por outrem, depois do que sobrevinham os trabalhos psicográficos de literatura. E isso eu fazia desde o ano de 1926, nos centros e, preferentemente, sozinha, em minha residência, até madrugada. Foram horas de intensa felicidade, as únicas horas felizes que, em verdade, conheci, durante as quais o mundo espiritual se abria para mim e se me revelava; eu convivia com os Espíritos e com eles me instruía, trabalhava e progredia. Com esse trabalho, silencioso, ignorado, humilde, consegui curar doentes do corpo e da alma, orientar médiuns e centros espíritas, reconciliar cônjuges desajustados, reequilibrar lares desarmonizados, consolar corações, evitar suicídios e até esclarecer Espíritos sofredores. E tenho certeza de que Jesus abençoava os meus esforços para acertar, porque assim mo revelava a assistência espiritual benéfica de que sempre desfrutei e a paz de consciência que me consolava. Esse trabalho poderia ter lido realizado em centros espíritas. Mas a burocracia e o formalismo impediram-mo. Então, realizei-o sozinha, com os companheiros do mundo invisível, que não usam formalismo nem burocracia.

Meu trabalho foi sempre diário, qualquer que fosse. E nunca me decepcionei, sentia-me sempre preparada para exercê-lo.

Trabalhei como médium no Centro Espírita de Lavras (mais tarde Centro Espírita Augusto Silva), da cidade de Lavras, em Minas Gerais; no Grêmio Espírita de Beneficência, de Barra do Piraí, Estado do Rio de

Janeiro; na Casa Espírita, de Juiz de Fora, em Minas Gerais, durante longo tempo; no Centro Espírita Luís Gonzaga, durante dois anos, de Pedro Leopoldo, onde servi no gabinete de passes ao lado do dedicado espírita José de Paula; na União Espírita Suburbana, do Rio de Janeiro, antiga Guanabara. Servi ainda no Ambulatório Médico anexo a esta última instituição, dirigido pelo Dr. Otávio Fernandes, onde me encarreguei da parte psíquica sofrida pelos doentes, serviço este absolutamente gratuito, quer de parte do médico, quer de minha parte.

As curas que consegui foram realizadas com simplicidade, sem formalismo nem inovações na prática espírita. Fui sempre avessa a propaganda dos meus próprios trabalhos e jamais aceitei as homenagens que me quiseram prestar.

Em certa época de minha vida, no Rio de Janeiro, morei sozinha em um pequeno apartamento, no bairro Lins de Vasconcelos, acompanhada apenas de uma amiga. Havia oferecido minha colaboração espírita e mediúnica a alguns centros espíritas. Não fui aceita por nenhum. A burocracia repelia-me. Então, organizei um posto mediúnico em minha residência, provi-o de medicamentos homeopatas, à minha própria custa, e trabalhei sozinha, fazendo ainda o culto do Evangelho diariamente, a sós com os guias, porque a companheira não admitia o Espiritismo. Tirava receitas pela manhã e fornecia remédios, mesmo alopatas, gratuitamente; aplicava injeções em doentes pobres, costurava para eles e nada cobrava. Era o que eu podia fazer sozinha. Durante oito anos realizei esse trabalho, atendi a favelados, pois residia próximo a uma favela, fazia passes e assim consegui curar e ajudar alguns. Estabeleci aulinhas de costuras e bordados a moças e meninas que nada sabiam, gratuitamente, e consegui levantar a crença em Deus em alguns corações. Foram oito anos de provações e testemunhos terríveis, que pude vencer graças ao amparo da doutrina. No fim desse período mudei-me para a companhia de minha irmã Amália e dediquei-me, de preferência, a produção dos livros doutrinários que obtive do Alto, por ordenação dos guias espirituais. Era o ano de 1952.

7 – Encargos

No Centro Espírita de Lavras, o primeiro onde exerci atividades de grande responsabilidade, ainda muito jovem, pertenci à sua diretoria como secretária. E fui também chefe do posto mediúnico para assistência espiritual aos necessitados, isto é, o médium responsável pelo intercâmbio espiritual de receituário e curas em geral, enquanto lá permaneci, num período de seis anos. O Centro era paupérrimo, havia apenas 6 sócios a 2 mil-réis mensais (atualmente não há expresso para essa quantia), não obstante o excelente prédio construído pelo então seu presidente, Cel. Cristiano José de Souza.

Muitos doentes necessitados nos procuravam, rogando socorro. Seria preciso, pois, obter medicamentos, mas não havia dinheiro para comprá-los. Tratávamos apenas com água fluidificada e passes. Escrevi então uma carta ao Sr. Frederico Fígner, um dos diretores da Federação Espírita Brasileira, pela época, e então famoso pela sua ação benéfica no Espiritismo; expus nossa angustiosa situação e pedi auxílio em remédios homeopatas para os nossos doentes. Por intermédio do Sr. Fígner, a Federação Espírita Brasileira então nos forneceu 60 vidros de homeopatia de 60 gramas durante 6 meses. Só Deus sabe as grandes curas que esses 60 vidros mensais de remédios fizeram! No fim desse tempo, tendo o Centro conseguido sócios e dinheiro em caixa, assim como generosos donativos, agradecemos o auxílio da Casa-Máter e o suspendemos. Ficara fundado o setor de Assistência aos Necessitados com o trabalho mediúnico. Esse trabalho prestou excelentes serviços, mesmo depois de minha retirada daquela cidade, e da desencarnação dos meus antigos companheiros, durante muitos anos. Ultimamente, porém, foi extinto, dando lugar a outras atividades. E relacionei o Centro com outras entidades espíritas espalhadas pelo Brasil, aderindo-o, ainda, à Federação Espírita Brasileira, como de praxe pela época.

Em Juiz de Fora (Minas Gerais), fui secretária, bibliotecária e vice-presidente da Casa Espírita, e colaboradora na Fundação João de Freitas, dependência daquela Casa. Criei, na Casa Espírita, a Biblioteca James Jensen, a qual não sei se persiste ainda hoje naquele núcleo espiritista. Ensinei trabalhos manuais no antigo Instituto Profissional Eugenia Braga, para moças, gratuitamente, dependência da Casa Espírita; ao lado de Alli Halfeld, um dos mais eminentes espíritas que conheci, colaborei na Fundação João de Freitas, evangelizando crianças e expondo pontos doutrinários nas reuniões de domingos, ao lado de outros dedicados companheiros.

Na localidade de Coronel Pacheco, distrito de Rio Novo (Fazenda Experimental do Governo Federal), trabalhei sozinha, como mais tarde o faria no Rio de Janeiro, principalmente no setor de assistência social, juntamente com minha irmã Amália.

Em Barra do Piraí (Estado do Rio), fui médium receitista no Grêmio Espírita de Beneficência, ensinando também moral cristã às crianças, no Colégio Ismael, dependência daquele Grêmio, e expositora de *O livro dos espíritos* às segundas-feiras, e, às sextas, de Evangelho. E pertenci a um grupo de senhoras que cuidavam de assistência social sob os auspícios do mesmo Grêmio, colaborando do melhor modo que era possível. Nunca dirigi instituição nenhuma, não aceitei mesmo direção de qualquer natureza quando era solicitada para isso, pois não me reconhecia apta a fazê-lo, mas ajudei sempre a muitas, consoante minhas forças.

8 – LITERATURA

Desde minha infância, dediquei-me ao estudo e à boa leitura. Lia tudo que me viesse à mão, geralmente leituras aproveitáveis. E assim muito aprendi. Leitura infantil que me foi grata apenas a revista *O Tico-Tico*, que me despertou o gosto pela literatura, e o romance *Robinson Crusoé*. O fato, pois, de não ter cursado nem mesmo a Escola Normal foi, certamente, provação, com a qual me demorei a conformar. Entretanto, desde a infância, apreciei a literatura e a ela me entreguei. Aprendi a ler muito cedo e também muito cedo comecei a ler romances. Aos 8 anos, li o primeiro romance: era *Marieta e Estrela*, obra espírita, clássico, com um trecho desenrolado na Espanha. Não compreendi a sua literatura, que é muito fina, mas a técnica espírita nele desenrolada eu compreendi perfeitamente. Daí em diante, pus-me a ler outros, profanos, tais como *A escrava Isaura*, de Bernardo Guimarães; *Iracema e Ubirajara*, de José de Alencar; *Elzira*, de cujo autor já não me lembro; *Paulo e Virgínia*, de Bernadin de Saint-Pierre, etc., e mais tarde livros espíritas e outros profanos, como o *Werther*, de Goethe, que li aos 14 anos, e *Eurico, o Presbítero*, de Alexandre Herculano, na mesma época. Porque fossem livros emprestados de outrem, eu os copiava todos, à mão, em cadernos de papel manilha, que eu mesma fazia, e os lia de vez em quando. Minha mãe fechava os olhos a essa mania. Meu pai nunca soube, pois tudo isso eu ocultava dele, visto que ele não concordava em que eu lesse romances, devido a minha pouca idade. Mas esse exercício foi excelente para mim, aprendi muito, tomei gosto pela literatura e aos 12 anos já escrevia contos e pequenos poemas em prosa, certamente mediúnicos, pois os escrevia rapidamente, vendo a meu lado o vulto espiritual que desde muito eu conhecia: Roberto de Canalejas. Desde então não parei de escrever, até hoje. Estou certa, porém, de que tudo quanto escrevi foi mediúnico, ou, pelo menos, inspiração espiritual. Aos 16 anos eu já lera até mesmo obras de criminologia popular, assunto de que sempre gostei, de Conan Doyle, e outros assuntos fortes. Nunca me prejudicaram e muito aprendi em todas essas leituras que fazia.

Muitos dos meus escritos literários, todos traindo sabor espírita, foram perdidos, depois de publicados em jornais. Eu era muito jovem e não tinha o cuidado de arquivá-los. Estes jornais eram: *A Tribuna*, de Lavras; *O Cruzeiro*, da cidade de Cruzeiro, Estado de São Paulo; *A Coluna*, de Campo Belo, Estado de Minas Gerais; *Brasil-Jornal* e *Jornal do Povo*, de Barra do Piraí, e um jornal de Juiz de Fora cujo nome, se me não engano, era *Jornal do Comércio*, todos profanos. Em dois deles, de Barra do Piraí, eu tinha mesmo seções a meu cargo. Colaborei também em

O Clarim, de Matão, ao tempo de Cairbar Schutel, de quem fui grande amiga; em *Luz e Verdade*, de Lavras, que os adversários do Espiritismo chamavam Trevas e Mentiras, jornal doutrinário espírita fundado por mim mesma e mais três amigos espíritas: Eduardo Gomes Teixeira Coelho, Antenor Barbosa e João Barbosa, o último ainda encarnado e vivendo em Belo Horizonte, e, conforme já disse, em *Reformador*, órgão oficial da Federação Espírita Brasileira.

Ainda em minha primeira juventude, recebi ordem espiritual para me submeter ao Espírito Camilo Castelo Branco e receber dele um tratado sobre suicídio. Eu trouxera essa incumbência ao reencarnar, pois que também eu fora suicida e necessitava resgatar a falta. E assim escrevi *Memórias de um suicida*, em 1926, só publicado, em primeira edição, 30 anos depois, isto é, em princípios de 1956. Além desse, recebi também: *Nas telas do infinito*, de Bezerra de Menezes e Camilo Castelo Branco; *Amor e ódio*, do Espírito Charles — meu pai da anterior existência —, onde também o suicídio e suas consequências desastrosas para a criatura são expostos; *A tragédia de Santa Maria*, romance brasileiro, de Bezerra de Menezes; *Nas voragens do pecado*, de Charles; *Devassando o invisível*, assistência de Charles e supervisão de Bezerra de Menezes; *Ressurreição e vida*, de Léon Tolstoi; *Dramas da obsessão*, de Bezerra de Menezes; *Recordações da mediunidade*, assistência e supervisão de Bezerra de Menezes; *A família espírita, Evangelho aos simples, A Lei de Deus, Contos amigos* e *O livro de Eneida*, supervisão de Bezerra de Menezes e assistência de Charles e Léon Tolstoi; *O drama da Bretanha* e *O cavaleiro de Numiers*, de Charles, e *Sublimação*, de Léon Tolstoi e Charles, e ainda *Pontos doutrinários*, coletânea de crônicas publicadas em *Reformador*. Ao todo, 18 livros, os quais poderão ser desdobrados para 21 volumes se levarmos em conta que alguns desses trabalhos comportam duas obras distintas, que poderiam ser publicadas separadamente.

A fim de receber esses livros, os romances principalmente, e também *Memórias de um suicida*, seus autores espirituais retiravam meu espírito do corpo material. Levavam-me com eles para o Além ou para o país em que se desenrolaria a ação: Portugal, Espanha, França, Alemanha, Rússia e também alguns ambientes do Mundo invisível. Conheci, assim, algumas paisagens do Mundo espiritual e países estrangeiros terrenos, onde a ação romântica se desenrolava, em diferentes épocas e séculos. Nesses locais, eu assistia à peça a ser escrita pelos autores espirituais, com todos os detalhes, sentia as emoções de todas as personagens, contemplava colorações belíssimas, via-me em todas as cenas, mas nada fazia ou dizia, e ouvia uma voz desconhecida a narrar o drama com uma precisão e um encanto indescritíveis, mas sem ver o narrador, e ouvia ainda tudo quanto diziam as suas personagens. Assisti, dessa forma, a célebre Matança dos Huguenotes, na França, no ano de 1572, com detalhes inimagináveis por todos nós. Assisti a cenas da Inquisição de Portugal, no século XVI. Visitei castelos medievais e da Renascença. Penetrei o Palácio do Louvre, em Paris, como ele devia ser ao tempo de Catarina de Médicis. Perlustrei os gelos da Rússia, conheci a vida dos seus camponeses e o esplendor da nobreza ali existente durante o Império. Conheci antros de miséria e dor de toda parte. Penetrei regiões sombrias do astral inferior e ambiências consoladoras do astral intermediário, etc., etc. Posso dizer que o Além-túmulo se assemelha à nossa Terra, porém, mais belo nas regiões intermediárias e boas. Nestas, tudo é agradável e belo, e artístico. Convivi, finalmente, com meus guias espirituais, como se eu fora também desencarnada, ou quase isso, e revi muitos trechos do passado histórico citados em meus livros, como se se tratasse do presente. Depois de todas essas visões os autores espirituais dos livros mostrados voltavam e os escreviam, e eu os transmitia com grande facilidade, porque já conhecia o enredo e os detalhes.

Foram ocasiões de intensa felicidade para o meu espírito, e posso afirmar também que todos esses romances contêm grande parcela de realidade, não são ficções, suas personagens existiram com outros nomes, apenas neles há o ornamento literário e nomes fictícios, ao mais das vezes, alguns deles, porém, sendo reais. Em toda a minha vida vivi mais da vida mental-espiritual do que da vida terrena, pois até mesmo me lembrava de muitos fatos de minha existência passada, inclusive daquele que fora o meu pai de então, e a tal ponto eu lembrava esse particular que demorei a reconhecer, em meu pai da atualidade, o meu verdadeiro pai. Para mim, o pai que eu amava e respeitava, o verdadeiro pai, era aquele que via em Espírito, junto a mim, e do qual me recordava, ou seja, Charles, atualmente desencarnado e meu Espírito familiar desde o berço.

Não obstante, nunca fui fanática nem "beata"; mantive-me sempre, mercê de Deus, natural e vigilante, sem excesso de qualquer natureza. Fui, ao contrário, exigente e desconfiada no que concerne a fatos espíritas, nada aceitando à primeira vista.

Mediunicamente, tive facilidade em obter esses livros. Possuía assistência poderosa e constante dos guias espirituais. De outro modo, minha mediunidade, classificada como "positiva", com a "especialidade literária", em *O livro dos médiuns*, prestava-se ao certame. Mas sofri todos os empecilhos e provações terrenos, até que pudesse conseguir cumprir a tarefa, que foi antes um resgate do que missão. Sofri ao máximo situações anormais. Às vezes, não tinha mesmo um local para poder escrever, fazia-o sobre um caixote, à luz de vela ou de lampião a querosene. Mas perseverei, jamais me dei por vencida, e venci.

Notifico aqui minha gratidão por minha irmã Amália, meu cunhado César e minha tia Ernestina, que muito me facilitaram os meios, em sua casa, para que eu pudesse livremente desempenhar minha tarefa mediúnica literária, resgatando faltas passadas.

Ao escrever estas linhas (dia 30 de julho de 1973), estou certa de que não mais escreverei literatura espírita. Meu compromisso com o Alto, nesse particular, está cumprido. Há quarenta e sete anos que exerço a mediunidade ativamente. Ela, a mediunidade, amparou-me a vida inteira. Deu-me consolo nas provações, alegria quando tudo me faltava neste mundo, salvou-me das atrações mundanas, quando as tentações afluíam ao meu redor, conservando-me voltada para Deus; instruiu-me, dignificou-me, aclarou-me o caminho do progresso, deu-me a conhecer a felicidade que nos aguarda depois do dever cumprido, e as únicas horas felizes que conheci neste mundo provieram da sua prática. Através dela, alarguei o meu campo de fraternidade para com o próximo. Fiz dos inimigos do passado amigos para a eternidade; de obsessores, a quem pude servir com ela, fiz afeições imorredouras para o coração; fiz dos sofredores encarnados e desencarnados, a quem assistia e visitava, irmãos queridos que me ajudaram com suas preces. Jamais conheci decepções com minha mediunidade. Amei-a sempre, respeitei-a e guiei-a sob o critério insuperável da Codificação Espírita, realizada por Allan Kardec. Para mim, portanto, a mediunidade foi o meio de reabilitação de faltas contraídas no passado reencarnatório, foi a misericórdia de Deus mostrando-me o caminho da redenção.

9 — Correspondência

Sempre gostei de escrever. Escrevia por qualquer motivo. Ora, um dos mais gratos trabalhos que exerci à luz do Espiritismo foi através de cartas. Sólidas amizades criei e mantive, a distância, escrevendo e recebendo cartas. Estas eram, geralmente, doutrinárias, mas fraternas e amigas, quer de parte dos correspondentes, quer de minha parte, mas não cheguei a conhecer pessoalmente a maior parte dos meus correspondentes. Jamais deixei de responder a uma carta que recebesse, e eram muitas, a não ser que o correspondente se excedesse, exigindo de minha mediunidade investigações pessoais que os códigos doutrinários e o senso da razão não permitiam. Mesmo assim, muitas vezes, a essas impertinências eu respondia esclarecendo sobre as inconveniências de certas indagações aos Espíritos, que poderiam redundar em mistificações e, portanto, em alquebramento da própria mediunidade.

Orientações doutrinárias, conselhos para a solução de problemas pessoais, esclarecimentos para o bom uso da mediunidade — às vezes, para isso, recorrendo aos amigos espirituais —, é trabalho que mantenho há vinte e cinco anos, desde que saiu a público o meu primeiro livro mediúnico. Mantive correspondência doutrinária mesmo com sacerdotes católicos, os quais, não raro, recorriam a mim para a compreensão e solução de problemas, muitas vezes dolorosos, de seus paroquianos. Esses sacerdotes eram espíritas convictos, conhecedores da Doutrina Espírita. Mantiveram-se irmãos distintíssimos, dignos da minha estima e do meu apreço. Esse trabalho de correspondência foi dos mais gratos que desempenhei, trabalho que dilatou o círculo de minhas relações de amizade, o que muito confortou o meu coração sempre sedento de afetos e expansões.

10 — Esperanto

Meu trabalho de correspondência expandiu-se ainda através do idioma universal — o Esperanto. Fui esperantista sincera e trabalhei por sua propaganda, segundo minhas possibilidades, ou seja, através da própria mediunidade. Estudei essa admirável língua sem, contudo, dedicar-me a ela devidamente, pois minhas tarefas mediúnicas não me permitiam realizar um curso completo da mesma. Não obstante, correspondi-me com um esperantista da Polônia — alma dedicada, a quem muito me afeiçoei — e com outro da Tchecoslováquia. E como o espírita jamais perde tempo em tratar dos "negócios do Senhor", através dessas cartas consegui harmonizar o lar conjugal do primeiro, prestes a se desbaratar, e reconfortar a vida e o coração do mesmo correspondente, e solidificar a crença espírita do segundo, orientando-o no assunto, enviando-lhe livros de Allan Kardec em Esperanto e até mesmo ensinando-o a realizar o culto do Evangelho no lar, em Esperanto, pois esse irmão, de 65 anos de idade, e que fora materialista até então, agora sentia necessidade de se voltar para Deus, mas só desejava fazê-lo através do Evangelho e do Espiritismo. A ambos esses amigos dediquei um afeto todo especial, como de reminiscências do passado espiritual, o que muito confortou o meu coração.

11 — Federação Espírita Brasileira

Amei e respeitei a Casa-Máter do Espiritismo no Brasil desde a minha infância, guiada por meu pai, que igualmente a amava e respeitava. A ela submeti-me mais tarde, aconselhada por meus amados guias espirituais

Bezerra de Menezes e Charles. Diziam-me, mesmo, as duas entidades: "Somente à Federação Espírita Brasileira confia as tuas produções literárias mediúnicas. Se, um dia, alguma delas for rejeitada, submete-te: guarda-a, a fim de refazê-la mais tarde, ou destrua-a. Mas não a confies a outrem".

Essa foi a razão pela qual nunca doei nenhum livro por mim recebido as editoras que me solicitaram publicações. Os Espíritos guiavam-me nos menores como nos maiores feitos de minha vida. E a eles eu sempre me submetia. Falavam-me diretamente, sem escreverem, sem transe mediúnico. A mediunidade foi um fato natural, comum em minha vida.

A primeira vez que visitei a FEB, levando uma obra mediúnica, esta não foi recebida, nem mesmo lida. Foi pelo ano de 1944, e quem me recebeu, no topo da escadaria principal, foi o Sr. Manuel Quintão, na época um dos seus diretores e examinadores das obras literárias a ela confiadas.

Quando expliquei que levava dois livros ao exame da Federação (eram eles *Memórias de um suicida* e *Amor e ódio*), aquele senhor cortou-me a palavra, dizendo:

— Não, não, não, não! Aqui só entram livros mediúnicos de Chico Xavier. Estou muito ocupado, tenho 200 livros para examinar e traduzir e não disponho de tempo para mais...

E voltou a conversar com o Dr. Carlos Imbassahy, com quem falava à minha chegada.

Eu, bisonha, provinciana, recém-chegada ao Rio de Janeiro, choquei-me, atemorizada. Dr. Carlos Imbassahy, a quem eu já conhecia e que lera duas obras minhas, interveio:

— Li uma dessas obras, que a moça citou (*Amor e ódio*). É obra boa. Assim como os livros de Zilda Gama são bem recebidos pelo público, os desta médium também deverão ser...

Mas o Sr. Quintão não respondeu a essa informação conciliatória e continuou a conversar com o seu amigo.

Retirei-me sem me agastar. Eu reconhecia a minha incapacidade e não insisti. Aliás, eu mesma não soubera compreender o enredo de *Memórias de um suicida*, acreditava tratar-se de uma grande mistificação, e silenciei. Em chegando à minha residência, tomei de uma caixa de fósforos e dos originais dos dois livros e dirigi-me ao quintal, a fim de queimá-los, pois nem mesmo tinha um local conveniente para guardá-los. Mas, ao riscar o fósforo e aproximar as páginas da chama vi, de súbito, o braço e a mão de um homem, transparentes e levemente azulados, estendidos como protegendo as páginas, e uma voz assustada, dizendo-me ao ouvido:

— Espera! Guarda-os!

De quem seria essa voz?

Meu coração reconheceu-a como sendo vibrações de Bezerra de Menezes.

Obedeci, tornei a guardar os originais, esperei.

Advieram-me, em seguida, terríveis provações e testemunhos pungentes. Sofri, lutei penosamente, dei todos os testemunhos que a Lei de Deus exigiu de minhas forças. Certa manhã, porém, após as preces e o receituário que eu fazia em meu humilde domicílio, para os necessitados que me procuravam, apresentou-se Léon Denis dizendo:

Vamos refazer o livro sobre o suicídio. Ele está incompleto, não poderá ser publicado como está.

— Está bem — respondi. — Começá-lo-ei na próxima semana, vou-me preparar.

— Não! Vamos começá-lo hoje, agora, neste momento!

Então, compreendi que o Sr. Quintão fora inspirado pelos amigos espirituais para não me receber quando o procurei na Federação, porque, se aquele livro fosse lido por aquela ocasião, seria irremediavelmente rejeitado. Camilo, o seu autor espiritual, não o completara devidamente, não lhe dera aquela feição doutrinária necessária, feição que, então, Léon Denis lhe deu.

Uma vez terminada a revisão da obra, voltei à Federação, a qual eu frequentava semanalmente e me demorava em palestra doutrinária com o capitão Paiva, então diretor da Assistência aos Necessitados, sem contudo me referir ao caso dos livros. Fui paternalmente recebida por ele, como sempre. Expliquei-lhe o que se passava e pedi-lhe conselhos. Ele interessou-se, recomendou-me ao Dr. Wantuil de Freitas, que era o presidente da Federação na época. Fui recebida pelo Dr. Wantuil também paternalmente, como o fora pelo capitão Paiva. E disse-me ele:

— Dou-lhe os meus parabéns pelo que me está relatando. Pode trazer as obras. Serão examinadas com atenção e espírito de fraternidade. Mas, precisam ser datilografadas com dois espaços, para maior comodidade do exame.

Ora, eu não dispunha de uma máquina de escrever e ainda menos de dinheiro para comprá-la, e nem me permiti pedi-la emprestada a quem quer que fosse. Guardei novamente os originais em manuscrito e não tornei a visitar o Dr. Wantuil de Freitas, que ficara aguardando a entrega das obras.

Passaram-se sete anos até que eu obtivesse uma máquina de escrever. Meu sobrinho César Augusto favoreceu-ma. Então, a obra foi datilografada e no ano de 1955 voltei novamente a Federação Espírita Brasileira. Fui recebida com a mesma fraternidade cristã e as obras aceitas pelos examinadores. Eu levara três: *Nas telas do infinito*, a primeira a ser publicada; *Memórias de um suicida* e *Amor e ódio*.

Desejo registrar aqui a minha gratidão e o meu amor pela Federação Espírita Brasileira e sua direção. Foi ela a minha verdadeira casa paterna neste mundo. Recebi de todos os seus dirigentes, notadamente do Dr. Wantuil de Freitas, do Dr. Armando de Oliveira Assis e do Sr. Francisco Thiesen todas as atenções e carinho fraterno. Respeitei-a e amei-a sempre e, para mim, ela é, realmente, a legítima representante da Igreja do Alto na Terra.

E ao nobre Espírito Manuel Quintão agradeço, ainda neste momento, não me ter atendido no ano de 1944, quando procurei a mesma Federação, levando os meus trabalhos ainda incompletos. Sua recusa salvou não só *Memórias de um suicida*, mas toda a minha posterior obra mediúnica, pois, se esse livro fosse lido naquela ocasião, seria rejeitado e eu não mais cuidaria, certamente, de literatura mediúnica.

No momento, agosto de 1973, tudo indica que não mais obterei literatura mediúnica. Meu compromisso com a Espiritualidade, nesse setor, está encerrado. Produzi, talvez, pouco, para a bibliografia espírita, mas fi-lo com o máximo respeito e o máximo amor pela Doutrina Espírita e a minha mediunidade. Foi o que pude fazer. E sinto a consciência tranquila e o coração confiante na justiça de Deus. Entretanto, trabalhei em receituário e conselhos até 1980.[2]

Aos amados guias espirituais que me assistiram nos trabalhos que realizei e me ampararam na travessia da existência, o meu coração agradecido e reverente.[3]

YVONNE A. PEREIRA
Rio de Janeiro, 7 de agosto de 1981.

---

[2] N.E.: Revisão feita, em 1981, pela própria autora, de escrito de 1973.
[3] N.E.: Yvonne A. Pereira desencarnou no Rio de Janeiro, em 19 de março de 1984.

A VITÓRIA SOBRE A MORTE

Com o advento do Espiritismo, os segredos da morte foram desvendados em grande parte e fatos dos mais importantes, sobre o assunto, são revelados pelos próprios Espíritos desencarnados, o que vem transformar de forma edificante não somente muitos aspectos da vida humana, mas também os conceitos sobre as consequências da própria morte.

Cremos que, hoje em dia, pelo menos no Brasil, qualquer que seja a religião que se professe, um interesse encantador é despertado em todos os corações, pelos acontecimentos de além-túmulo. Todos desejam saber o que dizem as almas dos mortos ao concederem suas mensagens aos médiuns, o que narram sobre a vida espiritual, quais as suas impressões ao atingirem o outro plano da vida.

Basta que um espírita mais loquaz se proponha a ferir o assunto, em qualquer ambiente em que se encontre, para que a maior parte do auditório demonstre interesse em ouvi-lo, passando a fazer indagações por vezes curiosas e inteligentes, atestando a ânsia do coração de cada um pela posse de um ideal que palpita nos refolhos de sua alma.

A influência da Doutrina Espírita na renovação do caráter humano, porém, e, portanto, na reforma dos costumes e, consequentemente, na melhoria da sociedade, faz-se notável pelo que vemos suceder nos agrupamentos espíritas que se vão formando: por toda a parte, indivíduos preocupados em se corrigirem de defeitos e vícios graves, interessados em servir o próximo desta ou daquela forma, aliviando-lhe as misérias físicas ou as amarguras morais. A maioria, desinteressada já das futilidades e ilusões da sociedade, prefere preocupações nobilitantes, que estão a atestar a excelência da moral que vem aprendendo na Doutrina dos Espíritos. Outros, atingindo mesmo a abnegação, no cumprimento de tarefas com que se comprometeram ao reencarnar, colocam-se a frente de obras de assistência social, cujo padrão de fraternidade é incontestável. Por isso mesmo, o espírita poderá não ser um homem virtuoso, na expressão literal do termo, mas o que se observa é que todos são, não obstante, homens honestos, de boa vontade e já incapazes de praticar o mal!

"Conhece-se a verdadeira religião pelo número de homens de bem que será capaz de produzir", disse, em outras palavras, o insigne codificador do Espiritismo, Allan Kardec. Isso, nos dias atuais, quando a humanidade se debate diante do espectro dos flagelos que ameaçam cair sobre a Terra, a fim de sacudi-la, despertando as atenções dos seus habitantes para a prática do Bem e da Justiça, é consolador para os espíritas, que encontraram na magnitude da Doutrina a própria redenção de faltas passadas e o reconforto de amarguras antes julgadas insolúveis.

Não se diga, porém, que tais fenômenos, mais importantes do que presumimos, somente se verificam entre brasileiros. Como adeptos do Esperanto que também somos, obtendo noticiário do movimento espírita em alguns países estrangeiros, temos verificado certa preocupação em se iniciarem obras de alívio ao sofredor, através dos aspectos da caridade material e moral. E, se no seio de muitas agremiações espíritas estrangeiras os livros de Allan Kardec ainda não foram devidamente adotados, observamos que valiosos livros espíritas já correm mundo, traduzidos para o Esperanto pela FEB, e que os mentores espirituais, que por lá se comunicam, também ensinam, como aqui, com outras palavras, que

—Fora da Caridade não há Salvação — e que desde os tempos de Moisés já era dito que não é possível amar a Deus sem servir o próximo.

Tais divagações acudiram espontaneamente ao nosso cérebro ao lermos certo trecho da excelente obra de Ernesto Bozzano, *A crise da morte*, livro fecundo em lições sobre as primeiras impressões de um Espírito recém-desencarnado. Vamos encontrar ali, no décimo caso, o relato de uma entidade espiritual que nos oferece ensinamento profundo, concorrendo para uma outra feição de reeducação necessária ao adepto do Espiritismo, muito embora esse aspecto de ensinamento seja conhecido desde os primeiros anos da Codificação. Diz o comunicante, entre outros pontos interessantes do seu ditado:

> Concito, pois, os vivos, que percam alguns dos seus parentes — qualquer que possa ser —, a que, a todo custo, se mostrem fortes, abafando toda a manifestação de mágoa e apresentando-se de aspecto calmo nos funerais. Comportando-se assim, determinarão considerável melhoria na atmosfera que os cerca, porquanto a aparência de serenidade nos corações e nos semblantes das pessoas que nos são caras emite vibrações luminosas que nos atraem, como, à noite, a luz atrai a borboleta. Por outro lado, a mágoa dá lugar a vibrações sombrias e prejudiciais a nós outros, vibrações que tomam o aspecto de tenebrosa nuvem a envolver aqueles a quem amamos. Não duvideis de que somos muito sensíveis as impressões vibratórias que nos chegam, por efeito da dor dos que nos são caros.

Assim sendo, necessariamente teremos de medir a diferença existente entre essa encantadora Doutrina Espírita e as antigas crenças que emprestavam ao fenômeno natural, que é a morte, um aparato de tal forma lúgubre, um noticiário de tal forma desolador para os que ficavam, que o desconsolo, o desespero e até desgraças, como a loucura e o suicídio, se sucediam em face da partida, para o Além, de um ser amado. A Doutrina Espírita, devassando ao homem a vida do além-túmulo, não só concorre para o seu progresso moral, infiltrando-lhe o desejo sublime do aperfeiçoamento indispensável a um estado feliz depois da morte, como, acima de tudo, o leva a convicção de que a morte não existe, pois no seio do universo palpitante de vida eterna não existirá local para qualquer espécie de aniquilamento. Confirma-se, assim, a observação do apóstolo Paulo na sua *I Epístola aos coríntios*:

> Porque importa que este corpo corruptível se revista da incorruptibilidade; e que este corpo mortal se revista da imortalidade. E quando este corpo mortal se revestir da imortalidade, então se cumprirá a palavra da Escritura: "Tragada foi a morte na vitória. Onde está, ó morte, a tua vitória? Onde está, ó morte, o teu aguilhão?" Ora, o aguilhão da morte é o pecado, e a força do pecado é a lei.[4] Porém rendamos graças a Deus, que nos deu a vitória por Nosso Senhor Jesus Cristo. Portanto, meus amados irmãos, estai firmes e constantes, crescendo sempre na obra do Senhor, sabendo que o vosso trabalho não é vão no Senhor (15:53 a 58).

---

[4] A lei da reencarnação para as almas culpadas, morte temporária do Espírito.

A VERDADE MEDIÚNICA

No ano de 1938, assisti no Cinema Central da cidade de Juiz de Fora, em Minas Gerais, ao excelente filme de produção norte-americana, que jamais esqueci. O filme intitulava-se *O mistério de Edwin Drood* e reproduzia um romance do escritor inglês Charles Dickens, do mesmo nome. Lembro-me ainda de que o conhecido ator cinematográfico Claude Reins, recentemente falecido, fez o papel mau do drama, cujo estilo era sentimental-policial. Alguns anos depois li algures, talvez em *Reformador*, que Charles Dickens morrera deixando o livro inacabado, e que um jovem médium norte-americano, sem nunca ter lido a primeira parte da dita obra, que fora publicada mesmo incompleta, continuou a história exatamente do ponto deixado pelo autor ao morrer, concluindo-a com tal perfeição que o leitor não conseguirá descobrir, por si mesmo, onde terminou a obra pessoal de Dickens e onde começa a mediúnica. O Espírito do próprio escritor veio terminar a encantadora obra, servindo-se da magnífica psicografia do jovem médium.

Continuando o estudo que presentemente faço da preciosa obra *Animismo e espiritismo*, de Alexandre Aksakof, publicada pela Editora FEB, deparei, à página 373 e seguintes, noticiário tão substancioso sobre o encantador fenômeno que não me furtarei ao desejo de transcrever algo a respeito para apreciação do leitor. Observemos que as condições pelas quais o médium norte-americano recebeu, em 1873, essa incomum manifestação do Além, em nada difere das em que nossos médiuns brasileiros recebem as que conhecemos. Essa unidade de princípios virá, certamente, confirmar o relatório dos nossos médiuns, quando afirmam ver os Espíritos, que lhes concedem trabalhos literários, materializados a seu lado, com a mão sobre suas cabeças ou sobre os ombros, ou ainda pousada na própria mão que segura o lápis, fazendo-a agitar-se para a escrita. E tal como os nossos, o instrumento norte-americano, escolhido pelo Espírito de Charles Dickens, sem ser um ignorante, também não era douto para se poder ombrear, nos conhecimentos da arte literária, com um vulto da categoria intelectual do ilustre escritor inglês.

Afirma o Sr. Aksakof, no entanto, que:

> ao se espalhar o boato de que o romance de Dickens ia ser terminado por esse extraordinário e insólito processo, o *Springfield Daily Union* expediu um dos seus colaboradores para Brattleborugh (Vermont), onde habitava o médium, para fazer uma investigação, no local, de todos os pormenores dessa estranha empresa literária.

E Aksakof confessa extrair de um relatório assim feito, e publicado nos jornais de assuntos psíquicos *Banner of light* e *The spiritualist*, de 1873, os belos trechos transcritos em *Animismo e espiritismo*, dos quais, por minha vez, extraio o seguinte, por ser impossível extraí-los todos:

> Ele, o médium, nasceu em Boston; aos 14 anos foi colocado como aprendiz em casa de um mecânico, ofício que até hoje exerce, de maneira que sua instrução escolar terminou na idade de 13 anos. Se bem que não fosse nem destituído de inteligência nem iletrado, não manifestava gosto algum pela literatura e nunca se tinha interessado por ela. Até então, nunca tinha experimentado publicar, em qualquer jornal, o menor artigo. Tal é o homem de quem Charles Dickens lançou mão da pena para continuar *The mystery of Edwin Drood*.

Mas o relatório continua citado pelo Sr. Aksakof, referindo-se a uma sessão em que o médium recebera instruções de Dickens, exatamente

A verdade mediúnica

como os nossos médiuns as recebem dos autores espirituais que lhes concedem suas obras:

> Essa comunicação informa que Dickens tinha procurado por longo tempo o meio de conseguir esse intento, mas que até aquele dia não tinha encontrado médium apto para realizar semelhante incumbência. E desejava que o primeiro ditado fosse feito na véspera do Natal, noite que prezava particularmente, e pedia encarecidamente ao médium que consagrasse aquela obra todo o tempo de que pudesse dispor, sem prejudicar as suas ocupações habituais... Em breve tornou-se evidente que era a mão do mestre que escrevia, e o Sr. A (o médium) aceitou com a melhor boa vontade essa estranha situação.
>
> A narração é recomeçada no ponto preciso em que a morte do autor a tinha deixado interrompida, e isso com uma concordância tão perfeita que o mais consumado crítico, que não tivesse conhecimento do lugar da interrupção, não poderia dizer em que momento Dickens deixou de escrever o romance por sua própria mão. Cada uma das personagens do livro continua a ser tão viva, tão típica, tão bem caracterizada na segunda parte como na primeira. Não é tudo. Apresentam-se-nos novas personagens (Dickens tinha o hábito de introduzir atores novos até nas últimas cenas de suas obras) que não são absolutamente reproduções de heróis da primeira parte; não são bonecos, porém caracteres tomados ao vivo, verdadeiras criações.
>
> O fato único de que o médium se recorda, passado o estado de transe, é a visão de Dickens que volta de cada vez. "O escritor" — diz ele — "está sentado a meu lado, com a cabeça apoiada nas mãos, imerso em profunda meditação, com expressão séria, um pouco melancólica, no rosto; não diz uma palavra, mas lança as vezes para mim um olhar penetrante e sugestivo. Óh! que olhar!"
>
> Para indicar que a sessão está terminada, Dickens pousa sua mão fria e pesada sobre a mão do médium.

Convidamos os leitores, principalmente os jovens que desejem habilitar-se para os grandes feitos literários, mediúnicos ou não, a lerem, não apenas o belo relatório do colaborador do *Springfield Daily Union*, transcrito pelo Sr. Alexandre Aksakof em *Animismo e espiritismo*, mas o livro todo, que é um compêndio magnífico de aprendizagem e elucidação dos fenômenos espíritas. Não devemos nem poderemos limitar nossa instrução doutrinária aos livros mediúnicos tão somente. Estes são, com efeito, importantes, indispensáveis a nossa cultura doutrinária, encantadores, e podemos mesmo afirmar que o Espiritismo é produto da mediunidade nos seus diferentes graus. Mas numa obra mediúnica seria impossível ao autor recapitular todo o precioso acervo de observações, de análises, de experiências, etc., que as obras dos grandes mestres colaboradores de Allan Kardec apresentaram. Ao demais, para apreciarmos o valor e a beleza de uma obra mediúnica, principalmente romances, teremos de conhecer as obras básicas a fim de sabermos analisar a perícia da arte literária de além-túmulo, que apresenta os mais variados e belos aspectos doutrinários, devendo ser sempre calcados sobre os princípios inabaláveis erigidos por Allan Kardec e seus continuadores. Não cairemos no perigo do sofisma e das opiniões particulares se conhecermos o Espiritismo através dos livros básicos dos seus grandes escritores, porque aí aprenderemos a observar, raciocinar e analisar com eles.

O caso de que fala Aksakof é um estímulo para os médiuns em geral e para os jovens candidatos a mediunidade em particular. Lendo todo o trecho exposto no livro, compreenderemos não ser impossível se repita, algum dia, nas plagas brasileiras, fato semelhante ao que se passou com o romance de Dickens.

No Brasil, afirmam os Amigos invisíveis, existem portes mediúnicos de primeira qualidade, e a obra que já possuímos nesse sentido não nos permite duvidar da possibilidade acima enunciada. Mas o que é certo também é que, por muitos motivos, convém ao médium ajudar o Espírito comunicante nas suas realizações de qualquer natureza. E esse auxílio estará, certamente, no esforço da sua boa vontade para se espiritualizar, instruir-se, elevar-se dignidade da Revelação que traz os mais respeitáveis foros de transcendência e divindade, pois não ignoramos que um médium assim habilitado será instrumento preferido para o labor do Espírito esclarecido nas verdades eternas. Essas coisas, já as dizia Allan Kardec e Léon Denis por outras palavras, e vemos que o próprio Charles Dickens demorou bastante a encontrar um médium capaz para o que desejava. Essa capacidade, porém, podendo-se prender tão só às disposições particulares da faculdade, também poderá ser adquirida através do cultivo da mesma, pois sabemos que uma faculdade mediúnica progredirá com o esforço do seu possuidor para aperfeiçoá-la. De qualquer forma, o bom estudo da Doutrina Espírita, iniciado da sua base, desvenda horizontes novos, sublimes, arrebatadores para as nossas almas, porque, acima de tudo, nos leva a um número de observações que comprovam, de forma racional, a verdade do fenômeno mediúnico, o qual, combatido por uns e aceito por outros até ao exagero e ao fanatismo, persevera, no entanto, na sua justa posição de força da natureza digna de ser estudada, observada, respeitada e praticada.

Procuremos, pois, em nossas estantes, os grandes compêndios de Espiritismo e aprendamos, em suas páginas, a incontestável beleza da doutrina de que somos adeptos.

A GRANDE DOUTRINA DOS FORTES

De quando em vez chegam aos nossos ouvidos queixas de irmãos em crença, cuja sensibilidade não se conforma com certos deslizes praticados por espíritas, que parecem não estar à altura da importante tarefa confiada pelo Invisível aos adeptos da Terceira Revelação. Temos procurado reconfortar quanto possível esses delicados irmãos, chamando-lhes a atenção para determinados pontos de Doutrina, capazes de explicar também essa particularidade em torno dos mesmos adeptos. E isso para que os queixosos não se dobrem ao desânimo, fazendo periclitar a própria fé, o que é sempre possível aos adeptos que se atenham a uma fé sorvida no que ouviram outros adeptos dizerem, em vez de se dedicarem aos livros da legítima Doutrina Espírita e às observações daí consequentes, indispensáveis sempre a boa instrução de cada um. O estudo eficiente do Espiritismo esclarece de tal forma os aspectos gerais da vida, como a situação dos espíritas, que, a ele nos dedicando devidamente, não mais surpresas nem vacilações nos chocarão em qualquer setor. Seremos então espíritas preparados para os entrechoques das múltiplas facetas da existência... E saberemos que o Espiritismo e o próprio Evangelho exigem que, para servi-los, sejamos realmente fortes, capazes de enfrentar quaisquer situações difíceis, seja no ardor das próprias provações, nas lutas do trabalho em geral ou diante das fraquezas e imperfeições dos irmãos em crença.

Meditando sobre o Evangelho, vamos observar que, para podermos praticá-lo, deveremos, acima de tudo, ser vigorosos de ânimo, corajosos a toda prova. Os primeiros discípulos do Nazareno e os primeiros cristãos foram espíritos fortes por excelência, idealistas audazes, práticos e não místicos, caracteres de ação, porque a tarefa a realizar seria volumosa demais para os ombros de um contemplativo.

Um caráter tíbio, por exemplo, como romperia ele com as tradições milenárias do Judaísmo ou do Paganismo, para renovar totalmente as próprias convicções? Como enfrentaria o tímido, a necessidade de se curvar a palavra revolucionária de Jesus, palavra que arrojaria por terra antigos preceitos de domínio e até de crueldade, para aceitar a união das criaturas através do Amor, quando a força era que ditava leis? E como suportaria o indeciso a ordem divina de compreender num mendigo, num leproso, numa pecadora, num publicano ou num samaritano o irmão a quem deveria amar e proteger, quando o ódio de casta ou de raça e o desprezo pelos pequeninos eram recomendações seculares? Como se haveria o impressionável, sob o imperativo de morrer pelo amor do Cristo à frente da espada dos herodianos ou nas arenas dos Circos de Roma, dando-se como repasto as feras? E, sem a coragem da própria fé — porque a fé é uma expressão de coragem — como poderiam apor as mãos sobre um endemoninhado, um paralítico ou um leproso e curá-los em nome do Senhor? E ainda sem a fortaleza do ânimo, como acreditariam eles na vitória daquela estranha Doutrina saída de uma obscura província dominada pela águia romana, Doutrina que eles próprios deveriam espalhar pelo mundo, onde só a força, o egoísmo e o orgulho lavraram leis? ... O próprio Jesus, expondo a sua Grande Doutrina, lança sentenças impressionantes, que seriam como ordenações irretorquíveis, próprias para espíritos fortes, que os pusilânimes demorariam a compreender e aceitar:

"Seja o vosso falar: Sim, sim; não, não."

"Aquele que ama a seu pai ou a sua mãe mais do que a mim, não é digno de mim. E aquele que não renunciar a tudo o que tem, não pode ser meu discípulo."

"Em verdade te digo que ninguém pode ver o reino de Deus, se não nascer de novo."

"Eu não vim trazer paz à Terra, mas a espada; vim separar de seu pai o homem, de sua mãe a filha, de sua sogra a nora; e o homem terá por inimigos os de sua própria casa. Vim lançar fogo a Terra e desejo que ele se acenda."

"Se o teu olho ou a tua mão te servem de escândalo, corta-os e lança-os fora de ti; porque melhor te é que se perca um ou dois dos seus membros do que todo o seu corpo vá para o inferno."

"Se alguém te ferir na face direita, oferece também a outra; e aquele que tirar a tua túnica, larga-lhe também a capa."

"Amai a vossos inimigos, fazei bem aos que vos têm ódio, e orai pelos que vos perseguem e caluniam."

"Porque, se vós não amais senão os que vos amam, que méritos haveis de ter?"

"Se vossa justiça não for maior e mais perfeita do que a dos escribas e fariseus, não entrareis no reino dos Céus."

"Assim, luza a vossa luz diante dos homens, que eles vejam as vossas boas obras, e glorifiquem a vosso Pai que está nos Céus."

"Sede, pois, perfeitos, como vosso Pai celestial é perfeito."

São, como vemos, ordens de comando revolucionário, impelindo paladinos para a grandiosa batalha de encontrar Deus em si próprios! E, se mais não citaremos, será porque iríamos longe com a observação.

O Evangelho, pois, se é uma escola onde aprendemos as doçuras do Amor, é onde também encontraremos as atitudes corajosas do herói do ideal divino.

Nas mesmas condições encararemos os espíritas. Os caracteres fracos, tímidos, indecisos, demorarão a se integrarem nos embates fornecidos pelo Espiritismo. Também este é Doutrina para os fortes, ou seja, para aqueles que, em migrações terrenas do pretérito, tanto erraram, e no além-túmulo tanto sofreram por isso, que agora se dispuseram a uma reforma geral do próprio caráter através do Espiritismo. E, com efeito! Combater as próprias imperfeições diariamente, não ignorando que, se o não fizer, desonrará a própria Doutrina a que se julgou filiar; socorrer necessitados sem possuir recursos suficientes para o mandato, confiante no auxílio do Mestre Nazareno; medicar enfermos sem haver cursado Medicina; subir a uma tribuna diante de assembleia numerosa, que espreita pronta para a crítica, a fim de defender a Verdade, sabendo que esse é um dever a que não poderá fugir, porque ainda ontem, em existências transatas, deprimiu a mesma Verdade; enfrentar obsessores e fazê-los recuar dos abismos do Mal para as suaves trilhas do Amor e do Perdão, certo de que é apenas intérprete das forças do Céu, porque não possui virtudes para tão alto feito; investigar o Invisível com a própria fé e as forças do coração, porque sabe não ser anjo nem sábio; arvorar-se em secretário de entidades aladas para a produção de compêndios de Moral, de Filosofia ou de ciências transcendentes, e apresentá-los ao mundo impiedoso com suas críticas, não sendo escritor e tampouco possuindo diplomas universitários; submeter-se à vontade dos mentores espirituais e executá-los, sobrecarregando-se, dia a dia, das mais pesadas responsabilidades perante os homens e os Espíritos; ser levado, por amor a Jesus, a perdoar e esquecer os ultrajes que lhe ferem o coração e conturbam o espírito; renunciar a cada dia, às vezes até mesmo as mais doces aspirações do coração, morrendo para si mesmo a fim de ressurgir para Deus, e, acima de tudo, filiar-se às falanges dos discípulos de Jesus e dos baluartes da Terceira Revelação — não será dispor de forças supremas na Terra, não será ser corajoso por excelência? E convenhamos que é desses tais que Jesus precisa agora, como ontem precisou dos pecadores, dos mendigos, dos malvistos pela sociedade para a propaganda da Sua Doutrina, únicos indivíduos que, apesar das imperfeições que portavam, estiveram a altura de compreender e executar os sacrifícios necessários a difusão da Grande Nova que surgia.

Muitos de nós, realmente, ainda não somos verdadeiros espíritas nem verdadeiros cristãos. Mas também já não seremos homicidas, nem roubadores, nem traidores, nem devassos, nem ébrios, nem adúlteros, nem suicidas. Observaremos, então, que nosso progresso dentro do ensino espírita há sido fabuloso, pois ainda ontem fomos tudo isso, não obstante alguns deslizes que mais ou menos ainda praticamos. Devemos, portanto, ver uns nos outros espíritos valorosos que lutam contra as próprias imperfeições, sob a redentora proteção do Consolador enviado pelo Cristo de Deus! Não vejamos em nossos irmãos de crença, ainda imperfeitos, espíritas indesejáveis, mas pupilos de uma Doutrina Celeste, recém-libertados de terríveis correntes malignas. E se, por nossa vez, nos julgamos harmonizados com os esplendores da Verdade, estendamos até eles nossos afetos, auxiliando-os quanto possível a se integrarem na verdadeira essência da Doutrina Espírita, que é poderosa bastante para reeducar os necessitados de forças renovadoras e de luzes espirituais. E todo esse trabalho, que somos chamados a executar, será labor para espíritos fortes... Porquanto, tal como aconteceu aos primeiros discípulos do Nazareno, também teremos de desenvolver lutas árduas para o estabelecimento das verdades celestes sobre a Terra — supremo ideal daqueles que já conseguiram predisposições para a comunhão com a Força suprema do eterno bem.

O ESTRANHO MUNDO DOS SUICIDAS

Frequentemente somos procurados por iniciantes do Espiritismo, para explicações sobre esse ou aquele ponto da Doutrina. Tantas são as perguntas, e tão variadas, que nos chegam, até mesmo através de cartas, que chegamos à conclusão de que a dúvida e a desorientação que lavram entre os aprendizes da Terceira Revelação partem do fato de eles ainda não terem percebido que, para nos apossarmos dos seus legítimos ensinamentos, havemos de estabelecer um estudo metódico, parcelado, partindo da base da doutrina, ou exposição das leis, e não do coroamento, exatamente como o aluno de uma escola iniciará o curso da primeira série e não da quarta ou da quinta.

Desconhecendo a longa série dos clássicos que expuseram as leis transcendentes em que se firmam os valores da mesma Doutrina, não somente nos veremos contornados pela confusão, impossibilitados de um sadio discernimento sobre o assunto, como também o sofisma, tão perigoso em assuntos de Espiritismo, virá em nosso encalço, pois não saberemos raciocinar devidamente, uma vez que só a exposição das leis da Doutrina nos habilitará ao verdadeiro raciocínio.

Procuraremos responder a uma dessas perguntas, uma vez que nos chegou através de uma carta, pergunta que nos afligiu profundamente, visto que fere assunto melindroso, dos mais graves que a Doutrina

Espírita costuma examinar. A dita pergunta veio acompanhada de interpretações sofismadas, próprias daquele que ainda não se deu ao trabalho de investigar o assunto para deduzir com a segurança da lógica. Pergunta o missivista:

— Um suicida por *motivos nobres* sofre os mesmos tormentos que os demais suicidas? Não haverá para ele uma *misericórdia especial*?

E então respondemos:

— De tudo quanto, até hoje, temos estudado, aprendido e observado em torno do suicídio à luz da Doutrina Espírita, nada, absolutamente, nos têm conferido o direito de crer que existam *motivos nobres* para justificar o suicídio perante as Leis de Deus. O que sabemos é que o suicídio é infração às leis de Deus, considerada das mais graves que o ser humano poderia praticar ante o seu Criador. Os próprios Espíritos de suicidas são unânimes em declarar a intensidade dos sofrimentos que experimentam, a amargura da situação em que se agitam, consequentes do seu impensado ato. Muitos deles, como o grande escritor Camilo Castelo Branco, que advertiu os homens em termos veementes, em memorável comunicação concedida ao médium Fernando de Lacerda, afirmam que a fome, a desilusão, a pobreza, a desonra, a doença, a cegueira, qualquer situação, por mais angustiosa que seja, sobre a Terra, ainda seria excelente condição "comparada ao que de melhor se possa atingir pelos desvios do suicídio".

Durante nosso longo tirocínio mediúnico, temos tratado com numerosos Espíritos de suicidas, e todos eles se revelam e se confessam superlativamente desgraçados no além-túmulo, lamentando o momento em que sucumbiram. Certamente que não haverá regra geral para a situação dos suicidas. A situação de um desencarnado, como também de um suicida, dependerá até mesmo do gênero de vida que ele levou na Terra, do seu caráter pessoal, das ações praticadas antes de morrer.

O estranho mundo dos suicidas

Num suicídio violento como, por exemplo, os ocasionados sob as rodas de um trem de ferro, ou outro qualquer veículo, por uma queda de grande altura, pelo fogo, etc., necessariamente haverá traumatismo perispiritual e mental muito mais intenso e doloroso que nos demais. Mas a terrível situação de todos eles se estenderá por uma rede de complexos desorientadores, implicando novas reencarnações que poderão produzir até mesmo enfermidades insolúveis, como a paralisia e a epilepsia, descontroles do sistema nervoso, retardamento mental, etc. Um tiro no ouvido, por exemplo, segundo informações dos próprios Espíritos de suicidas, em alguns casos poderá arrastar a surdez em encarnação posterior; no coração, arrastará a enfermidades indefiníveis no próprio órgão, consequência essa que infelicitará toda uma existência, atormentando-a por indisposições e desequilíbrios insolúveis.

Entretanto, tais consequências não decorrerão como castigo enviado por Deus ao infrator, mas como *efeito natural de uma causa desarmonizada com as leis da vida e da morte, lei da Criação, portanto*. E todo esse acervo de males será da inteira responsabilidade do próprio suicida. Não era esse o seu destino, previsto pelas Leis divinas. Mas ele próprio o fabricou, tal como se apresenta, com a infração àquelas leis. E assim sendo, tratando-se, tais sofrimentos, do efeito natural de uma causa desarmonizada com leis invariáveis, qualquer suicida há de suportar os mesmos efeitos, ao passo que estes seguirão seu próprio curso até que causas reacionárias posteriores os anulem.

No caso proposto pelo nosso missivista, poderemos raciocinar, dentro dos ensinamentos revelados pelos Espíritos, que o suicida poderia ser sincero ao supor que seu suicídio se efetivasse por um *motivo nobre*. Os duelos também são realizados por motivos que os homens supõem honrosos e nobres, assim como as guerras, e ambos são infrações gravíssimas perante as Leis divinas. O que um suicida suporia motivo honroso ou nobre, poderia, em verdade, mais não ser do que falso conceito, sofisma, a que se adaptou, resultado dos preconceitos acatados pelos homens como princípios inabaláveis.

A honra espiritual se estriba em pontos bem diversos, porque nos induzirá, acima de tudo, ao respeito às mesmas leis. Mas, sendo o suicida sincero no julgar que motivos honrosos o impeliram ao fato, certamente haverá atenuantes, mas não justificativa ou isenção de responsabilidade. Se assim não fosse, o raciocínio indica que haveria derrogação das próprias leis de harmonia da Criação, o que não se poderá admitir. Quanto à misericórdia a que esse infrator teria direito como filho de Deus, não se trataria, certamente, de uma *misericórdia especial*. A misericórdia de Deus se estende tanto sobre esse suicida como sobre os demais, sem predileções nem protecionismo. Ela se revela no concurso desvelado dos bons Espíritos, que auxiliarão o soerguimento do culpado para a devida reabilitação, infundindo-lhe ânimo e esperança e cercando-o de toda a caridade possível, inclusive com a prece, exatamente como na Terra agimos com os doentes e sofredores a quem socorremos. Estará também na possibilidade de o suicida se reabilitar para si próprio, através de reencarnações futuras, para as duas sociedades, terrena e invisível, as quais escandalizou com o seu gesto, e para as leis de Deus, sem se perder irremissivelmente na condenação espiritual.

De qualquer forma, com atenuantes ou agravantes, o de que nenhum suicida se isentará é da reparação do ato que praticou com o desrespeito às leis da Criação, e uma nova existência o aguardará, certamente em condições mais precárias do que aquela que destruiu, a si mesmo provando a honra espiritual que infringira.

O suicídio é rodeado de complexos e sutilezas imprevisíveis, contornado por situações e consequências delicadíssimas, que variam de grau e intensidade diante das circunstâncias. As leis de Deus são profundas e sábias, requerendo de nós outros o máximo equilíbrio para estudá-las e aprendê-las sem alterá-las com os nossos gostos e paixões.

Assim sendo, que fique bem esclarecido que nenhum motivo neste mundo será bastante honroso para justificar o suicídio diante das leis de Deus. O suicida é que poderá ser sincero ao supor tal coisa, daí advindo então atenuantes a seu favor. O melhor mesmo é seguirmos os conselhos dos próprios suicidas que se comunicam com os médiuns: que os homens suportem todos os males que lhes advenham da Terra, que suportem fome, desilusões, desonra, doenças, desgraças sob qualquer aspecto, tudo quanto o mundo apresente como sofrimento e martírio, porque tudo isso ainda será preferível ao que de melhor se possa atingir pelos desvios do suicídio. E eles, os Espíritos dos suicidas, são, realmente, os mais credenciados para tratar do assunto.

AOS JOVENS ESPÍRITAS

Um amigo declarou-nos, recentemente, que, pela primeira vez na história da humanidade, os jovens dedicados às lides religiosas e espirituais têm ensejo de projetar os próprios talentos filosóficos, graças à instituição das chamadas *juventudes espíritas*. Não fora isso e se perderiam preciosos cabedais trazidos pela juventude ao reencarnar, porque esses jovens espíritas não seriam jamais conhecidos, nem aproveitados os seus valores pessoais a benefício da Doutrina Espírita e da coletividade humana. E que, por isso, era pela amplitude da instituição, que deverá crescer sempre mais.

Também aplaudimos a instituição disciplinada das juventudes e mocidades espíritas, pois sinceramente entendemos que ela é um bem e muito auxiliará os moços a se firmarem para os gloriosos destinos espirituais, que muitos certamente alcançarão em breve etapa. Todavia, é bom raciocinar que essa instituição existiu desde os primeiros dias do Cristianismo e do Espiritismo, senão com a feição hoje apreciada em nossa Doutrina, pelo menos muito significativamente estabelecida pela própria legislação celeste.

Partindo do Cristianismo, observaremos que o seu fundador, Jesus de Nazaré, ao ser crucificado, era um jovem que contaria 33 anos de idade, talvez menos, segundo os fundamentos históricos de ilustres investigadores e historiadores. Igualmente jovem seria João Batista, o seu grande precursor, cuja idade orçaria pela do Mestre. Dos 12 Apóstolos por ele, o Mestre, escolhidos, apenas dois teriam sido de idade madura, segundo os mesmos historiadores e as afirmativas das obras mediúnicas: Simão, o zelote, e Tiago, filho de Alfeu, porque o próprio Simão Barjonas (Pedro) seria homem de apenas 40 anos de idade por ocasião da morte do Mestre, segundo os mesmos historiadores e a observação em torno dos *Evangelhos* e dos *Atos dos apóstolos*. Os demais, Judas Iscariotes inclusive, seriam personalidades de vinte e tantos e trinta e poucos anos de idade, enquanto João Evangelista contaria 20 anos, por ocasião do Calvário, um adolescente, portanto, que se iniciou no apostolado com menos de vinte.

João Marcos, por sua vez, outro evangelista, era um rapazote ao tempo de Jesus, adolescente quando se iniciou nos serviços do Cristo com seu amigo e instrutor Simão Pedro. Estêvão, a mais doce e comovente figura daqueles dias difíceis, o primeiro mártir do Cristianismo, depois do próprio Jesus, era pouco mais que adolescente ao ser lapidado. Jovem também era o grande Paulo de Tarso, ao se dedicar à causa de Jesus para todo o sempre: "... e as testemunhas (da morte de Estêvão), tomando-lhe as vestes, as puseram aos pés de um mancebo chamado Saulo", esclarecem os versículos 55 a 58 de *Atos dos apóstolos*. Muito moço ainda, senão propriamente jovem, seria o evangelista Lucas, a julgar pela intensidade de suas lides. O Cristianismo primitivo, nos dias de trabalho, de testemunhos, de difusão e de martírio está repleto de referências a pessoas jovens convertidas ao apostolado cristão, jovens que não fraquejaram na fé pelo seu ideal nem mesmo à frente das feras, nos Circos de Roma. As obras mediúnicas que se reportam a esses tempos são incansáveis nas referências a jovens cristãos possuídos do ideal sublime da renovação pelo Amor, cujo desempenho heroico é oferecido à humanidade hodierna como padrão de honradez, fidelidade e nobreza moral.

Igualmente jovens foram, ao se projetarem no mundo como exemplos de virtudes inesquecíveis, Francisco de Assis, chamado "O Cristo da Idade Média", o qual contava 20 anos de idade quando vozes espirituais o advertiram, lembrando-lhe os compromissos firmados com o Senhor, ao reencarnar; e Antônio de Pádua, aquele angelical Fernando de Bulhões, que aos 16 anos deixou os braços maternos para se iniciar na Ciência celeste e se tornar o poderoso médium de transporte em corpo astral, o paladino da oratória religiosa numa época de cavalaria e guerras, e cuja ternura pelas crianças ainda hoje inspira corações delicados ao mesmo afã, sete séculos depois da sua passagem pelo mundo. Jovem de 18 primaveras foi Joana d'Arc, figura inconfundível do início da Renascença, médium passivo por excelência, cuja vida singular atrai nossa atenção como a luz de uma estrela que não se apagou ainda... E também Vicente de Paulo, iniciando seu inesquecível apostolado aos 24 anos de idade, e, se rebuscássemos as páginas da História, com vagar, outros encontraríamos para reforçar a nossa exposição.

A história do Espiritismo não é menos significativa, com a impressionante falange de juventude e mocidade convocada para os misteres da Revelação celeste, que caminha sempre: jovens de 14 e 15 anos de idade foram as irmãs Fox, as célebres médiuns de Hydesville, ao iniciarem compromissos mediúnicos com o Alto, compromissos que abalaram os alicerces de uma civilização e marcaram a aurora de etapa nova para a humanidade. Jovens também, alguns dos principais instrumentos mediúnicos de Allan Kardec, e cuja missão singular muitos espíritas esqueceram: *Mlle.* Japhet, *Mlle.* Aline, *Mlle.* Boudin... Jovem de vinte e poucos anos era o médium norte-americano James, citado por Aksakof, o qual prosseguiu o romance *O mistério de Edwin Drood*, de Charles Dickens, deixado inacabado pelo autor, que falecera, fato único na história da mediunidade, até hoje. Jovem, a célebre médium de Alexandre Aksakof, Elizabeth d'Espérance, que desde menina falava com os desencarnados e que se tornou, posteriormente, ainda na juventude, um dos maiores médiuns de efeitos físicos e materializações de Espíritos, de todos os tempos. Jovem também a não menos célebre médium de William Crookes, que materializava o Espírito de Katie King, Florence Cook, que, com a sua extraordinária faculdade, ofertou ao Espiritismo e ao mundo páginas fulgurantes e inesquecíveis com aquelas materializações, no jovem que só mais tarde contraiu matrimônio.

Também desfrutando plena mocidade foi que a lúcida intérprete do Espírito do Conde Rochester, Condessa W. Krijanovsky, obteve os romances brilhantes, que arrebanharam para o Espiritismo tantos adeptos. Jovem de 21 primaveras era Léon Denis, o grande pensador espírita, que tanto enalteceu a causa, ao iniciar seu labor no seio da Doutrina dos Espíritos, e também Camille Flammarion, o astrônomo poeta, outro médium de Allan Kardec.

No Brasil, não menos jovem, de 21 primaveras, ao se iniciar no intercâmbio com o Invisível, foi o médium Frederico Júnior, cujo apostolado quase sublime é desconhecido da geração espírita da atualidade. Muitos moços ainda, se não propriamente jovens, eram Fernando de Lacerda, o psicógrafo mecânico, que escrevia com as duas mãos páginas de clássicos portugueses, enquanto conversava com amigos ou despachava papéis na repartição em que trabalhava, e Carlos Mirabelli, produtor dos mais significativos casos de materialização de espíritos em nossa pátria, pois que ambos nem mesmo esperaram a velhice para desencarnar. E jovem também era Zilda Gama, ao se projetar, em 1920, com o seu primeiro livro mediúnico, *Na sombra e na luz*.

Jovem de vinte e um anos de idade era Francisco Cândido Xavier ao se revelar ao mundo com o livro *Parnaso de além-túmulo*, para prosseguir numa ascensão mediúnica apostolar, que não findou ainda. E, finalmente, jovem também era Yvonne A. Pereira,[5] que aos 12 anos de idade escrevia mediunizada sem o saber, que aos 15 recebia páginas de literatura profana sob o controle mediúnico da entidade espiritual Roberto de Canalejas, que a acompanhava desde a infância, e que antes dos 20 tinha a seu cargo a tremenda responsabilidade de um posto mediúnico para receituário e curas de obsessão, e já esboçados três dos livros que posteriormente publicaria. Ambos, Francisco Cândido Xavier e Yvonne A. Pereira, já aos 5 anos de idade viam os Espíritos desencarnados e com eles falavam, supondo-os seres humanos, tal como Elizabeth

---

[5] N. E.: O leitor deve considerar que a autora, ao escrever esses artigos, usava o pseudônimo *Frederico Francisco*.

d'Espérance. Daí para cá, então, os jovens espíritas começaram a ser preparados através das juventudes e mocidades espíritas constituídas dentro dos Centros como seus departamentos infantojuvenis, orientados e assistidos por confrades esclarecidos, experientes e idôneos, exercendo as funções de mentores.

Entre inúmeros jovens outros que poderíamos ainda citar, temos Leopoldo Cirne que, aos 21 anos de idade, foi eleito vice-presidente e, aos 31, presidente da maior organização espiritista do mundo — a Federação Espírita Brasileira.

Como vemos, pois, Cristianismo e Espiritismo são doutrinas também facultadas a jovens... e, mercê de Deus, parece que todos eles, pelo menos os acima citados, não negligenciaram na multiplicação dos talentos pelo Senhor confiados aos seus cuidados. Acreditamos que as instituições denominadas juventudes e mocidades espíritas facilitarão, sim, muitíssimo, as tarefas dos jovens da atualidade e do futuro, tarefas, que, para os do passado, foram cercadas de espinhos e sacrifícios, de dramas e até de tragédias.

Que Deus vos abençoe, pois, jovens espíritas! Tende a mão no arado para lavrar os múltiplos campos da Seara Espírita. Elevai bem alto esse farol imortal, que recebestes imaculado das mãos dos vossos predecessores! Sedes fiéis guardiães dessa Doutrina que tudo possui para tornar sábia e feliz a humanidade! O futuro vos espera, fremente de esperanças! E o passado vos contempla, animado pela confiança!

Incompreensão

Durante uma palestra entre amigos, ouvimos que adversários do Espiritismo costumam pôr à prova a veracidade da faculdade de alguns médiuns que se habituaram às experimentações em público, pedindo-lhes receituário para pessoas inexistentes, falecidas, e até para bonecas, e que algumas vezes as receitas têm sido concedidas. Procuramos então expor aos amigos, que, escandalizados, comentavam a ocorrência, os quesitos que dariam causa ao desagradável acontecimento, dentro dos ensinamentos da Doutrina. A fim de estudarmos as particularidades desse caso, poderemos até mesmo reportar-nos a lição inserida no *Evangelho de Mateus*, capítulo 13, versículos de 10 a 15, que esclarece: "Aquele que já tem mais se lhe dará e ele ficará na abundância; aquele, entretanto, que não tem mesmo o que tem se lhe tirará".

E partindo dessa tese teremos de raciocinar que, em primeiro lugar, o médium não é criatura infalível, semideus que pudesse vencer todas as dificuldades para estar ininterruptamente harmonizado com as forças superiores. Às vezes, até será bom que certas dificuldades e decepções o surpreendam, a fim de que não advenham a presunção e a vanglória e ele se esforce sempre por melhorar os próprios atributos e obter possibilidades de intercâmbio mais ou menos permanentes com as esferas iluminadas.

O médium, em vez de ser uma personagem infalível, é um ente humano como outro qualquer, embora, graças aos próprios esforços, tenha atingido uma possibilidade psíquica algo avantajada do comum das criaturas. Se hoje se sente na posse plena das suas melhores disposições supranormais, amanhã já sofrerá deficiências no seu sistema de vibrações, tornando-se indisposto, portanto, por este ou aquele motivo, para o exercício da delicada função que lhe cabe, pois a mediunidade é intermitente e está longe, por isso mesmo, de o seu brilhantismo ser constante, invariável, mormente tratando-se daqueles médiuns cujos desempenhos se verificam em contato direto com o público. Quem é médium sabe dos sacrifícios necessários à sua faculdade para apresentar ao mundo as provas edificantes da sua feição celeste. Por isso mesmo não será motivo para escândalo ou desilusão se um ou outro médium deixar de apresentar testemunhos intercambiais verdadeiramente perfeitos com o Além, se nos lembrarmos de que até o local, o ambiente onde se exerça o mistério augusto, muitas vezes poderá influir nas comunicações recebidas.

O médium é um aparelho receptor de alta sensibilidade, capaz de sofrer as mínimas influências dos desencarnados e até dos encarnados, sejam estas boas ou más, tal como os aparelhos de rádio e de televisão, que nem sempre registram com clareza os acontecimentos que transmitem. E assim como sentimos zelos pelos nossos receptores mecânicos acima citados, e somos incapazes de prejudicá-los propositadamente, antes tudo fazemos para que os vejamos sempre em boa forma, também deveremos contribuir para auxiliar os médiuns a se desincumbirem o melhor possível das suas melindrosas tarefas.

Em segundo lugar, os indivíduos que se atrevem a uma provocação dessa natureza, ou seja, provar o médium com uma mentira soez, quando já tantas provas os Espíritos deram da verdade mediúnica, e desrespeitando a veneração devida ao intercâmbio com o Além, faltando ainda com os deveres da caridade e até da boa educação, realmente não são merecedores de receber a Verdade, e por isso não a recebem. Receberão, sim, de retorno, a inconveniência a que fizeram jus. Cumpre-se então a assertiva de Jesus

Incompreensão

em *Mateus* 13, versículos de 10 a 15: "Àquele que já tem mais se lhe dará e ele terá em abundância; mas àquele que não tem, mesmo o que tem lhe será tirado".

A criatura que, levada pelo respeito e pela sinceridade, pela confiança e pela humildade, se dirige aos médiuns a fim de obter uma receita de que realmente necessita, ou um consolo para o coração dolorido, receberá bons testemunhos da Verdade Espírita em todos os ângulos em que a procurou, pois que a eles, médiuns, auxiliaram com a própria boa vontade. Mas aquele que, junto de quaisquer médiuns, apenas levou o desrespeito e a mentira, afrontando com a própria malícia uma reunião realizada em nome de *Deus Todo-Poderoso*, perdeu, certamente, a diminuta crença que possuía na possibilidade da comunhão com os desencarnados, pois seus maus pensamentos, seus sentimentos heterogêneos foram os mesmos que perturbaram as vibrações ambientes, dando causa a que o médium se perturbasse também, sem devidamente atentar na qualidade das ondas vibratórias, ou fluidos que recebia. E os vigilantes espirituais, que presidiam os serviços, não puderam ou não quiseram intervir, pois os homens em geral devem aprender a própria custa e todos esses percalços serão lições educativas para todos nós.

De outro lado, às vezes que a mediunidade em geral tem acertado, como intérprete dos Espíritos, são, tão superiores, em número e qualidade, às que deixou de acertar, que não nos deveremos escandalizar diante das últimas. O movimento doutrinário científico, filosófico, moral, literário, etc., que aí vemos, capaz de reeducar e enaltecer a humanidade, é o atestado inconfundível da veracidade mediúnica, a qual, por isso mesmo, se faz credora não apenas do nosso respeito, mas também do nosso amor e do nosso zelo, para que, através dela, nos possamos entender cada vez melhor com os consoladores planos da Luz.

MEDIUNIDADE E DOUTRINA

Volta e meia chegam ao nosso conhecimento, através de cartas e confidências pessoais, que um ou outro adepto do Espiritismo se chocou diante de uma mistificação mediúnica ou em presença de uma falha observada no trabalho de um que outro médium de grandes responsabilidades.

Já tivemos ocasião de observar, no número anterior desta revista,[6] que o médium é apenas um aparelho receptor de pensamentos e forças psíquicas alheios. Estas, porém, tanto poderão provir de Espíritos esclarecidos como de ignorantes, sendo que até mesmo infiltrações mentais humanas poderão perturbá-lo no momento do fenômeno de transmissão, além da sua própria mente, que poderá, desagradavelmente, intervir se as condições vibratórias em geral não se encontrarem assaz dominadas e controladas pela entidade comunicante.

Por outro lado, o médium nem sempre estará em condições mentais e físicas para exercer o mandato com brilhantismo. Um choque emocional, preocupações dominantes poderão alterar a boa sintonização com o agente exterior, redundando o pormenor em alteração da comunicação que se processa.

---

[6] N.E.: O leitor deve ter em mente que se trata de artigos publicados em *Reformador*. A autora aqui faz alusão ao artigo *Incompreensão*, transcrito na página 59 deste volume.

Para que ele conserve as disposições excelentes no intercâmbio com o Invisível, seja este de que natureza for, ser-lhe-ão necessários sacrifícios inauditos, vigilância constante, dedicação incansável ao labor mediúnico, amor e paciência ante o mandato. E convenhamos que nem sempre, num planeta cercado de prejuízos como a Terra o é, sofrendo os entrechoques diários de uma sociedade que prima pelo materialismo impenitente, nem sempre o médium poderá conservar as suas vibrações imaculadas para a sublime tarefa.

Por sua vez, nem sempre, também, o núcleo espírita a que ele pertença o auxiliará devidamente. É sabido que tais garantias só existem nos núcleos que mantêm feição de templo em suas sedes, onde o respeito e a gravidade se sobrepõem às demais conveniências.

As decepções daqueles que chegaram a observar falhas na mediunidade em geral provêm, portanto, do prejuízo de considerarem os médiuns instrumentos infalíveis sob a ação dos Espíritos, seres privilegiados incapazes de produções menos excelentes. Provêm ainda da falta de estudo da Doutrina, pois as obras da Codificação Espírita, como as demais que realizam a estrutura doutrinária espírita, previnem contra todos esses contratempos, explicam-nos e ensinam-nos a compreendê-los e contorná-los, a fim de corrigi-los, evitando males maiores.

Jamais nos devemos esquecer, por isso mesmo, de que não só Allan Kardec, mas todas as entidades que ditaram a Revelação Espírita aconselharam o exame rigoroso, o estudo atento de tudo quanto é ditado e revelado pelo Além. "Não mistureis o joio com a boa semente, as utopias com as verdades", lá previne o próprio Espírito de Verdade, no capítulo VI de *O evangelho segundo o espiritismo*, de Allan Kardec.

O Espiritismo não se circunscreve à produção deste ou daquele médium, mas impõe-se pelo conjunto magistral de leis que o apontam como revelação superior do Invisível, iluminada pela Verdade. Descrer da sua veracidade e grandeza de princípios e possibilidades, somente porque este ou aquele médium mais responsável não conseguiu transmitir na íntegra o pensamento de um instrutor espiritual, ou porque uma entidade de nível moral inferior molestou-o com insinuações perturbadoras, empanando-lhe o brilho da produção mediúnica, é testemunhar falta de cultura doutrinária e escassez de espírito de observação.

Mistificações, infiltrações do subconsciente, interferências animistas, etc., são igualmente fenômenos psíquicos dignos de serem estudados, e não motivações para o desmoronamento da crença individual ou o desrespeito ao médium; e quando, porventura, nos encontrarmos diante desses fatos, cumpre-nos compreendê-los, sem, de forma alguma, considerar desacreditada uma doutrina que apresenta os mais apreciáveis foros de grande revelação celeste. E jamais, jamais vejamos em qualquer médium um ser extraordinário alcandorado de angelitude, mas apenas uma alma em progresso, a quem Deus outorgou possibilidades de adiantamento moral-espiritual, servindo o próximo, alma de quem o próprio compromisso mediúnico exigirá inauditos esforços, mesmo sacrifícios, para o bom cumprimento do dever à frente da Lei da Criação.

O GRANDE COMPROMISSO

Numa carta que há dias recebemos, uma jovem espírita confessa que seu maior desejo é escrever livros espíritas, valendo-se da mediunidade. Confessa também que pouco estuda a Doutrina dos Espíritos, que sente aversão as obras clássicas, limitando-se ao conhecimento das obras mediúnicas, de preferência romances. Não obstante, a mesma jovem irmã se permite a grande responsabilidade de se entregar ao desenvolvimento das suas faculdades mediúnicas e a evangelização das crianças.

São estranháveis tais atitudes à frente de um compromisso doutrinário de tal natureza. Em primeiro lugar, porque evangelizar alguém, e principalmente crianças, é trabalho delicadíssimo, próprio de quem se acha bastante seguro dos conhecimentos adquiridos no Evangelho e de quem possa receber orientações muito claras do Espaço. A criança é o futuro da Doutrina Espírita. Cumpre-nos orientá-la muito seriamente, com o máximo de responsabilidade e critério doutrinário, a fim de que, em vez de espírita fiel e útil, não a tornemos espírita personalista e sofisticado com os ensinos adulterados que lhe fornecermos. Em segundo lugar, que espécie de ensino doutrinário poderemos ministrar a uma criança, ou a adultos, se a nós mesmos declaramos nada conhecer de Doutrina Espírita e de Evangelho, nem mesmo as indispensáveis obras da Codificação do Espiritismo? Porventura teremos raciocinado na grande responsabilidade assumida com o Criador, arvorando-nos em mestres quando sabemos não nos caber nem mesmo a qualidade de discípulos? Convém lembrar que o Espiritismo é ciência e filosofia transcendentais, é moral celeste, e não podemos encará-lo displicente ou ociosamente, como encararíamos uma sessão de cinema ou uma partida de futebol.

Idêntico critério havemos de estabelecer para as faculdades mediúnicas que possuirmos.

Mediunidade é responsabilidade grave, é compromisso vultoso, e, para desempenhá-lo a contento, será indispensável habilitação prévia, a fim de lhe conhecermos o terreno delicado.

Certamente que médiuns sem cultura doutrinária, e mesmo não espíritas, hão produzido fenômenos valiosos. Mas isso é raro e, geralmente, de pouca duração. E é bom lembrar que a Codificação do Espiritismo elevou a mediunidade a um grau superior de interpretação transcendente, mesmo celeste, apontando o melhor caminho a seguir para que a sua prática se torne em missão definida, fazendo do médium uma alma renovada para si mesmo, para o próximo e para Deus. E como aplicar tal critério no espinhoso e por assim dizer misterioso campo da mediunidade, desconhecendo as instruções dadas pelos Espíritos celestes, os quais nos orientam por um acréscimo de misericórdia do Criador, que nos deseja ver dignos intermediários das suas leis?

Ser médium não é apenas receber Espíritos. Os obsidiados também os recebem, e frequentemente, assim dominados, se curvam à prática de crimes, tais como o suicídio, o homicídio, o alcoolismo, o roubo, o adultério, etc. Ser médium é, acima de tudo, ser discípulo do bem, habilitando-se, dia a dia, no intercâmbio regenerador com o Alto a proveito da reforma geral da humanidade, do Planeta e de si próprio. E para se compenetrar de tal responsabilidade será necessário conhecer as leis mecânicas, morais e espirituais em que a mediunidade se firma e enobrece, a fim de elevá-la a missão.

O grande compromisso

Quanto a escrever livros mediúnicos é tarefa penosa cujo compromisso o médium firma com as leis de Deus e com seus guias espirituais, ao reencarnar. Não se é médium escritor por se desejar ser, mas sim por precisar ser. O compromisso será antes um resgate, uma reparação de displicências pretéritas, desagravo às leis de Deus ofendidas em vidas anteriores, do que mesmo missão. Contudo o médium poderá transformar a reparação em missão, se bem souber aproveitar o ensejo recebido para a própria reabilitação. Para conseguir o cumprimento de tal dever serão necessárias ao médium as mais duras renúncias, renovação diária do próprio caráter, vida de esforço e sacrifícios para o seu progresso moral, conhecimento pleno da doutrina evangélica-espírita e matérias outras, indispensáveis ao fornecimento de cabedal intelectual para ação fácil do Espírito comunicante.

Escrever livros mediúnicos é compromisso gravíssimo. É responsabilidade terrível, é lágrima, é sacrifício, é dor, é renuncia, é morrer para tudo o mais que não seja aquele ideal divino que Jesus definiu quando sentenciou: "Se alguém quiser vir nas minhas pegadas, renuncie a si mesmo, tome a sua cruz e siga-me; porquanto, aquele que se quiser salvar a si mesmo, perder-se-á; e aquele que se perder por amor de mim e do Evangelho se salvará".

E convenhamos que não é com facilidade que se suportarão tais disciplinas.

Pensemos então, também, um pouco, naqueles que sofrem: os doentes, os tristes, os aflitos, os obsidiados, os órfãos, os velhos desamparados. Lembremo-nos de que Jesus é o Mestre e que, quando neste mundo, nada escreveu, mas curou enfermos, consolou os desgraçados, orientou os pecadores para os caminhos da regeneração, amou as crianças, serviu a todos... E deixemos a literatura mediúnica para aqueles que reencarnaram com as almas assinaladas pelos terríveis compromissos assumidos no passado.

O MELHOR REMÉDIO

Frequentemente chegam até nós, além de confidências onde avultam delicados desequilíbrios pessoais, brados de socorro através de pedidos de preces, conselhos, etc. Querem, os nossos pacientes, roguemos aos poderes do Alto explicações sobre as causas dos seus sofrimentos e decepções, e também licença (!) para se dirigirem ou não a um médico a fim de tratarem das suas enfermidades, para se submeterem ou não a esta ou aquela intervenção cirúrgica indicada pelo cirurgião com quem se tratam, diagnósticos, etc. Outros, acreditando no determinismo irremediável dos seus achaques, se entregam a desânimo criminoso, negando-se a tratamento aconselhável, que lhes proporcionaria alívio, e, assim, agravando voluntariamente os próprios sofrimentos, pedem-nos orações por suas tristes pessoas, descrentes da própria cura, ao passo que outros mais desejam informações sobre se o sonho havido em determinada noite, com eles mesmos, foi revelação real ou fruto da mistificação de um obsessor. E, finalmente, mais outros missivistas pedem para perguntarmos aos guias espirituais, através de nossa faculdade mediúnica, quem é o seu guia espiritual, como se chama e onde viveu, e se ele, o missivista, é a reencarnação de fulano ou beltrano, personagens sempre importantes da História, porque tal ou tal médium assim o afirmou.

O mesmo acontece com algumas das visitas que temos tido a honra de receber. Frequentemente também somos visitados por videntes que veem, sentados ao nosso lado, também em visita — Léon Denis, Gabriel Delanne, Bezerra de Menezes, Emmanuel, André Luiz, Espíritos hindus, Fréderic Chopin e até Francisco de Assis, Santa Teresinha, Sócrates e Platão, como se o Paraíso celeste se houvesse transferido para a nossa residência. Jamais, porém, os nossos *videntes* observam um sofredor em lágrimas, requisitando o socorro do nosso amor; jamais viram um irmão impenitente necessitado de auxílio para se encaminhar à reforma necessária de si mesmo e consequente progresso espiritual. Mas... o prodígio não cessa aqui, e será bom que os possíveis leitores desta crônica sejam informados de tudo, a fim de, por sua vez, não se verem colhidos de surpresa por visitas semelhantes.

Não raro, pois, visitam-nos ilustres soberanos do pretérito e respectivas famílias, porém, *reencarnados*; até que, há cerca de dois anos, tivemos a *glória* da visita *reencarnada* de Nero, o conhecido Imperador de Roma, falecido no ano 68 da nossa era; de sua esposa, Popeia, de sua mãe, Agripina, e, meio deslocado no grupo, apesar de agora ser irmão carnal de Nero, o célebre Inácio de Loiola, geral dos jesuítas, desta vez transformado em mulher, bela morena simpática e risonha.

Diante de tal volume de desconhecimento doutrinário espírita, cumpre-nos ter paciência para o esclarecimento necessário, o que nem sempre agrada aos missivistas e visitantes, os quais preferem sempre ver confirmados os seus sofismas e mistificações, por outros sofismas e mistificações, mas jamais querem ouvir a expressão da verdade, que os protegeria contra o ridículo a que se entregam, com o agravante de comprometerem o critério da Doutrina Espírita ao propalarem entre leigos as errôneas *revelações* por que se deixaram iludir.

Cumpre, de uma vez para sempre, o bom combate a esse estado mórbido dos aprendizes de Espiritismo. E o melhor remédio para sanar tal estado de coisas é o aprendiz se dedicar ao estudo criterioso do Espiritismo. Estudando com dedicação e boa vontade as obras espíritas em geral, máxime as básicas, ele se informará de que:

O melhor remédio

a) Ao consultar o seu médico, se estiver enfermo, bastará fervorosa prece suplicando assistência do Alto para o seu caso, porque a assistência virá, e tanto ele, enfermo, como o seu médico serão beneficiados, sem necessidade de indagações aos guias espirituais através do mediunismo.

b) Que um médico também é bom veículo dos Espíritos dos médicos espirituais, para a cura das doenças físicas materiais, porque ele, médico terreno, possui o cabedal científico necessário para interpretar as intuições que advenham do Alto, estando também apto para agir por si mesmo, no desempenho da sua clínica.

c) Que as eminentes entidades espirituais não podem estar visitando ociosamente qualquer de nós, sentando-se na sala ao nosso lado, porque bastaria uma irradiação das suas virtudes para nos beneficiar, mesmo de longe, e porque, ao demais, têm mais que fazer nos espaços infinitos a bem das humanidades, filhas de Deus.

d) Que as nossas provações são frutos lógicos dos nossos próprios erros cometidos na atual existência ou em outras passadas, também podendo ser resultado das circunstâncias havidas no planeta inferior que habitamos, trabalho de evolução, e, por isso, nenhum de nós está sofrendo inútil ou injustamente.

e) Que o melhor meio de obtermos algumas revelações sobre nosso passado espiritual, ou qualquer noticiário interessante da espiritualidade, será nada desejar e nada perguntar, mas sim cumprir com o nosso dever de espíritas, renovando nosso caráter a cada dia, reformando nossos hábitos maus, reeducando a mente e o coração, auxiliando o próximo, exercendo o bem quanto possível, a fim de sintonizarmos nossas forças psíquicas com as vibrações superiores da espiritualidade, mas jamais exigindo dos nossos guias espirituais explicações que eles não podem nem devem conceder, porque as leis de Deus não o permitem.

f) Que as respostas às nossas indiscretas indagações comumente são fruto da mistificação de Espíritos galhofeiros, os quais se divertem com a nossa vaidade, fazendo-nos supor que somos imperadores ou príncipes reencarnados, quando, quase sempre, nada mais fomos que miseráveis obsessores, carregados de responsabilidades.

g) Que a melhor revelação do nosso passado reencarnatório permanece dentro de nós mesmos, arquivada nos refolhos do perispírito, revelação que poderá surgir, à nossa lembrança comum, impelida pelas intuições do coração, pelas reminiscências espontâneas ou por qualquer outro estado superior de vibrações, durante o sono de cada noite, durante choques emocionais propícios ao fato ou através das próprias tendências do nosso caráter.

h) E que, finalmente, no capítulo VI de *O evangelho segundo o espiritismo*, o Espírito de Verdade, patrocinador do movimento espírita, dá-nos esta preciosa orientação: "Espíritas! Amai-vos, este o primeiro ensinamento; instruí-vos, este o segundo!".

Estudemos, pois, a reveladora Doutrina dos Espíritos, porque será impossível praticá-la fielmente sem conhecer as suas bases, e amemos com aquele sentimento superior, recomendado pelo Evangelho, porque o resto, ou seja, tudo o mais que nos seja proveitoso virá até nós espontaneamente, por acréscimo de misericórdia, sem necessidade de indagações impertinentes aos nossos respeitáveis guias e sem o ridículo das suposições que só a ignorância dos princípios doutrinários alimenta em nossas descabidas preocupações...

No tempo das mesas

A um adepto da Doutrina Espírita nunca será fastidioso o relato de legítimo fenômeno em que se verificou a comunicação de um desencarnado com os homens. Por mais antigo que seja o fato, é sempre interessante conhecê-lo e examiná-lo. Quanto mais antigo mais curioso e atraente, porque poderemos comprovar que, em todos os tempos, os Espíritos procuraram manifestar-se aos homens provando-lhes, não apenas a existência depois da morte, mas também a conservação da própria individualidade, com a inteligência, o sentimento, a cultura e as tendências que lhes caracterizaram a personalidade terrena; e, em todos os tempos, eles disseram e ensinaram o mesmo que hoje dizem e ensinam, o que demonstra a realidade dos ensinamentos que transmitem.

Quem se permite examinar as obras clássicas do Espiritismo não só adquire conhecimentos sólidos sobre a magna Doutrina dos Espíritos, como também aprecia, e como que acompanha, as eruditas experiências dos investigadores que conseguiram positivar as variadas manifestações espíritas, rejubilando-se com a vitória da verdade, que a ciência experimental provou.

Tais elucubrações advieram às nossas observações quando relíamos uma bela página do volume *O fenômeno espírita*, de Gabriel Delanne.

No capítulo III da Segunda Parte dessa erudita obra, justamente no que trata de *mediunidades diversas*, o eminente investigador espírita cita belo fenômeno mediúnico intelectual, obtido com o auxílio de uma mesinha de três pés, nos primórdios das manifestações espíritas ostensivas.

Replicará o leitor modernista que fenômenos espíritas obtidos por intermédio de mesas foram ultrapassados pelos fenômenos mediúnicos do século XX, quando tantas sensacionais manifestações avultam em nossa presença. Temos de convir, porém, que um fenômeno de qualquer natureza jamais será desatualizado, e, além disso, não sabemos se todas as sensacionais manifestações da atualidade trazem, realmente, o caráter verídico, e cientificamente provado, que traziam aquelas a que nos reportamos, e por isso continuaremos a admirar as relatadas nos compêndios clássicos que nos servem de padrão e lição, as quais resistiram a todas as minúcias dos exames de rigorosos investigadores.

O caso a que nos reportamos foi retirado por Gabriel Delanne ao livro intitulado *Choses de l'Autre Monde,* cujo autor, Eugène Nus, foi um dos mais consagrados escritores franceses do século passado e entusiasta espírita da primeira hora. Eugène Nus e seus companheiros de investigações espíritas pediram à mesa, certa vez, isto é, ao Espírito que se servia dela para se manifestar a eles, que formulasse definições em frases de apenas 12 palavras. Eis como o grande escritor francês do século XIX descreve o fato:

> Nossa tripeça não se embaraçava com tão pouca coisa. Desafio todas as academias literárias a formularem rapidamente, instantaneamente, sem preparativo e sem reflexão alguma, definições circunscritas em 12 palavras, tão completas e muitas tão elegantes como as improvisadas pela nossa mesa, a qual, no máximo, concedíamos, e a muito custo, a faculdade de formar uma palavra composta por meio de um traço de união.

E aqui temos algumas dessas definições:

Infinito: Abstração puramente ideal, *acima* e *abaixo* do que é concebido pelos sentidos.

Física: Conhecimento das forças materiais que produzem a vida e o organismo dos mundos.

Química: estudo das diversas propriedades da matéria no estado simples e composto.

Matemática: propriedade das forças e dos números imanentes das leis da ordem universal.

Harmonia: equilíbrio perfeito do todo com as partes e das partes entre si.

Teologia: dissertação dos dogmas fundamentais nos quais repousa a concepção duma religião humana.

Força divina: força universal que liga os mundos e abraça todas as outras forças.

Coração: espontaneidade do sentimento nos nossos atos, nas ideias e em sua expressão.

Espírito: suntuosidade do pensamento; galanteria harmoniosa das relações, das comparações e das analogias.

Imaginação: fonte dos desejos, idealização do real por um justo sentimento de belo.

Muitas outras definições foram citadas no *Choses de l'Autre Monde*, mas não era possível reproduzi-las todas, em outra obra. A mesa, porém, ditava também música com a mesma rapidez e erudição, anunciando previamente "de quantas notas se compunha a melodia, quase sempre 32, seu número favorito para a frase musical, assim como de 12 para a frase falada. Uma pancada significava *dó*, duas *ré*, três *mi*, quatro *fá*, e assim por diante". Além disso, "dividia os compassos, designando, uma após outra, a quantidade de notas que cada compasso devia conter; feito isto, dava-nos o valor da semibreve, da colcheia, e, sucessivamente, o valor de cada nota que indicava, marcando o compasso com o pé da tripeça sobre o soalho". E não era só. Dava também os acidentes da música, o tom e, finalmente, o título da peça. Uma vez terminado o precioso ditado, a melodia era executada num órgão alugado para tais experiências.

Como vemos, os Espíritos comunicantes iam ao ponto de ensinar teoria musical aos experimentadores, eram eruditos... E o fenômeno, embora obtido com o auxílio de uma simples mesinha, é também sensacional e raro até hoje, não obstante verificado no século XIX...

Preces especiais

Um amigo pergunta se é lícito nomear alguém, por quem mais particularmente nos interessamos, durante os nossos serviços de preces, suplicando para ele o socorro espiritual ou material, do Alto. Isto porque esse amigo algumas vezes tem ouvido opiniões, de adeptos do Espiritismo, de que não se devem proferir preces particulares por ninguém, seja encarnado ou desencarnado, mas sim preces gerais, englobando todas as criaturas na mesma súplica, sem preferências por este ou aquele necessitado.

Não resta dúvida de que a opinião dos citados adeptos é respeitável e não podemos censurá-la. Ela poderá mesmo encerrar um princípio universalista, uma tendência de proteção à generalidade, sem privilégios indevidos. Não obstante poderemos meditar sobre a questão, examinar fatos favoráveis ou contrários a essa pretensão, compará-la com a pretensão contrária, isto é, a que admite, além das preces gerais, também as particulares, para os casos especiais; observamos de que lado existirá mais lógica e, sobretudo, mais espírito de amor e fraternidade e, então, decidirmos por nós mesmos. Acima de tudo, o fato parece pertencer ao plano do livre-arbítrio de cada um, ou a uma opinião particular. Ninguém errará pelo fato de somente orar de modo geral pelos necessitados, como ninguém errará se, além de assim orar, nomear em suas súplicas o doente fulano, pelo qual se interessa, ou o sofredor beltrano, cujas dores também desejará aliviar. É questão de foro íntimo, de intensidade de sentimento, de desejo de servir a este ou aquele, que em nossa presença esteja sofrendo.

Se examinarmos as instruções concedidas pelos Espíritos superiores, vamos encontrar autorização e incentivo para orarmos de forma especial por aqueles por quem mais de perto nos interessamos. Em *O evangelho segundo o espiritismo*, há o capítulo XXVIII, que trata amplamente do assunto. Vemos então, no final do primeiro parágrafo, a seguinte divisão de preces:

1º – Preces gerais; 2º – Preces por aquele mesmo que ora; 3º – Preces pelos vivos; 4º – Preces pelos mortos; 5º – Preces especiais pelos enfermos e obsidiados.

Na 3ª divisão, o magnífico Prefácio da "Prece por alguém que esteja em aflição" é uma autorização, mesmo comovente, para que oremos por um amigo, um simples conhecido, qualquer pessoa que nos rogue consolo ou ajuda etc., num momento de dor. Estas são as últimas observações do citado prefácio: "A prece, neste caso, pode também ter efeito direto, dirigindo, sobre a pessoa por quem é feita, uma corrente fluídica, com o intento de lhe fortalecer o moral".

A seguir encontraremos a prece formulada, com o *N* assinalando o nome da pessoa por quem estaremos orando. E todas as preces seguintes trazem o mesmo *N* indicando o nome que devemos proferir. Ora, se assim é, o mesmo poderemos fazer durante as preces denominadas espontâneas.

Na 4ª divisão, "Preces pelos que já não são da Terra", encontraremos ainda o mesmo *N* autorizando a oração por determinado Espírito, a quem desejamos servir, com as preciosas instruções conferidas pelos prefácios que tanto elucidam sobre o valor da prece.

No capítulo XXVII, do mesmo livro — *O evangelho segundo o espiritismo* — encontraremos amplas explicações quanto à eficácia e ao valor da prece sobre aquele por quem se ora. E se a prece exerce ação beneficente magnética, como que terapêutica, com os fluidos que transmite, parece-nos que será falta de caridade deixarmos de orar particularizando fulano ou beltrano, somente pelo formalismo de não desejarmos orar por ninguém em particular e sim de modo coletivo. O próprio Jesus orou ao Pai, particularizando seus discípulos. O capítulo 17 de São João é das mais belas e tocantes páginas de todo o Novo Testamento. E é consolador recordarmos, de vez em quando, as amorosas expressões do Senhor, orando por seus discípulos (v. 9, 11, 15 e 17):

"Por eles é que eu rogo; eu não rogo pelo mundo, mas por aqueles que Tu me deste; porque são teus."

"Pai santo, guarda em Teu nome aqueles que me deste, para que eles sejam um, assim como também nós."

"Eu não peço que os tires do mundo, mas sim que os guardes do mal."

"Santifica-os na verdade. A Tua palavra é a verdade", etc.

Aliás, o fato de particularizarmos uma prece pelo nosso irmão sofredor não exclui a oração geral, onde todos os sofredores, da Terra e do Espaço, serão igualmente lembrados com idêntico interesse e idêntico amor.

Outrossim, quantos e quantos resultados excelentes obtemos com preces dirigidas a Deus pelo obsessor de fulano ou de beltrano, cujo tratamento está sob nossa responsabilidade! A quantos desesperados, inclinados ao suicídio, nossas preces particularizadas tem consolado e encorajado para o prosseguimento das lutas da existência! Quantos enfermos ficam aliviados após as nossas súplicas a Deus por eles, e quantas situações dramáticas do nosso próximo são suavizadas sob o ardor das nossas rogativas ao Alto em seu benefício, através da prece especialmente feita para ele! Evidentemente, também esse é o trabalho santo do amor e da caridade operando milagres através da fé. Nenhum guia espiritual jamais nos veio dizer que não façamos tais rogativas. Ao contrário, se dirigem um trabalho de desobsessão, se tratam de um doente, se concedem conselhos aos seus consulentes, todos são unânimes em recomendar a prece pelo obsidiado e seu obsessor, pelo doente fulano, pelo sofredor beltrano, pelo Espírito desencarnado deste ou daquele, sem prejuízo das preces gerais, para a coletividade.

Que, portanto, cada um ore conforme o próprio sentimento e a própria convicção a respeito da prece. E que aqueles que negam a prece particular, para este ou aquele necessitado, não reprovem os que sentem no próprio coração o ímpeto amoroso de exercê-la. Orando com amor e sinceridade, ambos estarão servindo o próximo. E... para reconforto de todos os corações, bom será que, de quando em vez, os capítulos XXVII e XXVIII de *O evangelho segundo o espiritismo* sejam pacientemente reconsultados. São leituras como que tocadas de excelsitude, que beneficiam e edificam aquele que a faz, mesmo porque, se Allan Kardec é mestre que nos instrui sobre o assunto, continuemos a nos instruir com ele, porque bem credenciado para tal missão ele continua sendo... e a verdade, infelizmente, é que nós ainda não assimilamos devidamente os seus ensinamentos...

Tormentos voluntários

Os acontecimentos diários da vida, quase sempre dramáticos, costumam oferecer lições de alto valor educativo ao observador. Ao mesmo tempo, a nós outros, espíritas, recordam detalhes preciosos da moral exposta pelos instrutores espirituais que ditaram os códigos da Terceira Revelação a Allan Kardec. Essa moral, se bem assimilada e praticada pelo adepto, engrandecê-lo-á perante si próprio e perante o conceito alheio, garantindo ainda possibilidades para a sua paz interior e social, a sua felicidade pessoal e o seu progresso.

Não obstante, certos detalhes dos códigos espíritas parecem passar despercebidos a alguns adeptos da Doutrina, e bom será que, de vez em quando, procuremos recordá-los a fim de que a propaganda que fizermos das virtudes do Espiritismo não sofra deficiências explicativas, pois tais detalhes são, comumente, preciosos para a boa compreensão das lições expostas.

Assim, algumas pessoas creem que, ao nascer, o homem traz consigo irremediável destino, cercado pela fatalidade, de molde a desafiar possibilidades de superação. Se, porém, observamos com atenção a nossa própria vida e a vida do nosso próximo, compreenderemos que assim não é, que muitas dores e difíceis situações poderão ser evitadas no trajeto da nossa condição terrena, se agirmos criteriosamente em torno de nos mesmos.

Os livros doutrinários espíritas, quer os clássicos, quer as contribuições mediúnicas, apreciam de forma edificante essa atraente questão, destacando os infortúnios atraídos pelas ações do presente, para a nossa vida, daqueles provenientes de existências anteriores, como herança de um passado criminoso, a constituir o chamado *carma* inevitável.

Allan Kardec e seus colaboradores, assim como os instrutores espirituais que nos honram com suas lições, são unânimes em nos advertir de que são mais numerosos os sofrimentos que procuramos por nossa livre e espontânea vontade, na própria existência atual, do que aqueles que realmente constituem expiações de vidas anteriores.

Vale então recordar nestas linhas o critério exposto por Allan Kardec no quarto parágrafo do capítulo V de *O evangelho segundo o espiritismo*, livro ao qual devemos a reeducação que se opera em nossos caracteres:

> Remontando-se à origem dos males terrestres, reconhecer-se-á que muitos são consequência natural do caráter e do proceder dos que os suportam.
>
> Quantos homens caem por sua própria culpa! Quantos são vítimas de sua imprevidência, de seu orgulho e de sua ambição!
>
> Quantos se arruínam por falta de ordem, de perseverança, pelo mau proceder, ou por não terem sabido limitar seus desejos!
>
> Quantas uniões desgraçadas, porque resultaram de um cálculo de interesse ou de vaidade e nas quais o coração não tomou parte alguma!
>
> Quantas dissensões e funestas disputas se teriam evitado com um pouco de moderação e menos suscetibilidade!
>
> Quantas doenças e enfermidades decorrem da intemperança e dos excessos de todo gênero!

Tormentos voluntários

Quantos pais são infelizes em seus filhos, porque não lhes combateram desde o princípio as más tendências! Por fraqueza, ou indiferença, deixaram que se desenvolvessem os germens do orgulho, do egoísmo e da tola vaidade, que produzem a secura do coração; depois, mais tarde, quando colhem o que semearam, admiram-se e se afligem da falta de deferência com que são tratados e da ingratidão deles!

Interroguem friamente suas consciências todos os que são feridos no coração pelas vicissitudes e decepções da vida; remontem passo a passo a origem dos males que os torturam e verifiquem se, as mais das vezes, não poderão dizer: "Se eu houvesse feito, ou deixado de fazer tal coisa, não estaria em semelhante condição." etc.

Tais considerações assaltaram o nosso raciocínio diante de um fato doloroso que acaba de chegar ao nosso conhecimento, e que perfeitamente se enquadra na tese em apreço.

Durante uma visita feita, há dias, a pessoas amigas, em subúrbio afastado, no Rio de Janeiro, tivemos ocasião de ver, sentada tristemente a porta de um casebre, o vulto de uma mulher maltratada, sofredora. Faltavam-lhe as duas pernas e vivia de esmolas exíguas, visto que, não podendo caminhar, não poderia também recorrer a peditórios pelo bairro. Ao seu lado uma criança, um menino, regulando sete anos de idade, igualmente maltratado, aleijado, incapaz de se manter de pé.

Indagando da causa de tal anormalidade, fomos inteirados de que a mulher era casada em segundas núpcias com um operário, do qual possuía um filho, e que levara do primeiro matrimônio aquele que víamos a seu lado.

O casal vivia por entre dificuldades financeiras, como é comum entre as famílias cujos recursos são pequenos. A situação, portanto, não constituía exceção. Mas a casa era mantida com o necessário, pois o homem trabalhava normalmente, a fim de manter a família; a mulher ocupava-se apenas com os afazeres domésticos, como o faz toda mãe de família, e, assim, ninguém sofria verdadeiras privações.

Um dia, porém, queixou-se o marido das dificuldades financeiras e pediu a esposa que procurasse economizar o mais possível, evitando gastos supérfluos, observação naturalíssima que, ao bom senso, não encerrará ofensa. Mas a mulher ofendeu-se com a advertência, houve discussão acalorada e só Deus sabe o que mais teria havido entre os esposos. Tentando evitar maiores males, o operário saiu de casa procurando refazer-se longe da enfurecida esposa. Indignada, esta, fazendo-se acompanhar dos dois filhos, deixou também a casa, dirigindo-se a linha férrea da Central do Brasil. Ao aproximar-se o comboio elétrico, atira-se diante dele, arrastando as duas crianças, em procura do suicídio.

Resultado: a criança de dois anos de idade, filha do segundo casamento, foi esmagada pelo comboio. A criança de cinco anos, filha do primeiro matrimônio, atirada a grande distância, pelo comboio, não morreu, mas tornou-se inválida. E ela, a mulher, teve as duas pernas amputadas, sem conseguir o trágico fim que desejava. Quanto ao marido, revoltado ante o acontecimento, não podendo ou não querendo reconciliar-se com a mulher criminosa, que levara à morte o filho que era dele, abandonou-a irremediavelmente, nunca mais dando notícias suas. E o saldo do terrível gesto de cólera e impaciência, aí está: a grave responsabilidade da morte do filho pequenino e da invalidez do outro; a sua invalidez e todos os agravos dolorosos daí derivados para si mesma e para o filho, inclusive o remorso do próprio crime perante as leis de Deus.

O suicídio não é uma lei, assim como não o são a revolta, a cólera e a impaciência. Essa mulher, portanto, não trouxe de vidas passadas, ao reencarnar, seu trágico destino. Trouxera, sim, a prova da paciência e da resignação na pobreza. O seu lamentável destino foi, portanto, criação dela, falindo no testemunho que deveria dar. Tão grande acervo de desgraças poderia ser evitado se a infeliz criatura cumprisse melhor o seu dever de esposa e de mãe e respeitasse a própria crença em Deus. Bastaria uma prece do coração ou um apelo à razão para que tudo fosse evitado. Os tormentos que presentemente sofre, e os que sofrerá futuramente, ao desencarnar, consequentes do mesmo fato, representam o efeito da sua própria vontade, ou seja, os *tormentos voluntários* de que nos fala *O evangelho segundo o espiritismo*.

Nossa alma de crentes compreensivos, diante das lutas de cada dia, chora, em verdade, compungida ante tanta descrença e alheamento ao respeito a Deus e à Vida. Assim, diante de tais complexos com que diariamente esbarramos, cumpre-nos acelerar as exposições da Doutrina da Imortalidade, que professamos, fazendo chegar sua luz protetora aos corações endurecidos pela revolta e pela ignorância das coisas de Deus; cumpre-nos oferecer, aos sofredores de qualquer espécie, não apenas o pão material, que sacia o corpo físico, mas, principalmente, o alimento imortal para a alma necessitada: as lições daquele Consolador prometido por Jesus, que fortalece o coração e a razão do sofredor, para a vitória nas lutas diárias, e que muitas outras coisas mais ensinará a nossa ignorância, como, por exemplo, que devemos ser pacientes e mansos de coração em qualquer circunstância da vida, a fim de adquirirmos a ciência de nós mesmos, e que o suicídio é a maior desgraça que poderá atingir o ser humano, ainda mesmo quando não chegue a consumar-se.

Detalhes

Faz pouco tempo tivemos o prazer de receber a visita de um jovem estudante de 16 anos de idade, tão dedicado à literatura espírita que o seu interesse despertou a nossa simpatia. Mas, talvez devido mesmo à sua pouca idade, o nosso visitante ainda não pôde assimilar convenientemente a Doutrina, e por isso frequentemente encontra dúvidas incômodas na interpretação do que lê.

Após agradável palestra, o jovem apresentou as seguintes indagações, muito interessantes porque podem refletir também indagações de outros aprendizes da bela Doutrina dos Espíritos. Disse-nos ele:

— Terminei a leitura de um belo livro espírita — *Ressurreição e vida*. Meditando sobre o conto "O sonho de Rafaela", no terceiro capítulo observei que o autor espiritual diz que aquela história é repetida por várias mães que "Veem morrer os filhos pequeninos". Se assim é, por que então o autor não descreveu outra história menos conhecida?

Seguiu-se, porém, outra observação:

— Creio que o autor espiritual do mesmo livro é também a personagem secundária da novela *O segredo da felicidade,* constante do mesmo volume, porque ele narra o caso usando a primeira pessoa do singular, o que indicaria ser ele mesmo a própria personagem Wladimir Kupreyanof.

E finalmente a terceira observação:

— Li também o livro *Recordações da mediunidade*, recentemente publicado pela mesma Editora FEB. O capítulo 6, "Testemunho", esclarece que o Espírito do suicida Guilherme poder-se-ia manifestar por um "legítimo fenômeno de incorporação" através de um médium, se houvesse condições para o fenômeno. Eu gostaria de saber o que poderia dizer o dito Espírito, uma vez manifestado, se o estado de pesadelo em que se encontrava, a confusão mental, etc., não lhe permitiam raciocinar livremente.

Tais indagações são simpáticas ao expositor espírita porque revelam o desejo de conhecer minuciosamente as concepções doutrinárias, e não devemos desprezar jamais as ocasiões para raciocinar sobre os detalhes das questões doutrinárias espíritas.

Resposta às observações:

1 – Todas as mães que veem morrer os filhos pequeninos, ou mesmo os adultos, como que atraem a compaixão do Alto para a dor que as fere, se a blasfêmia contra Deus não as incompatibiliza com as harmonias das vibrações superiores do mundo espiritual.

A piedade dos guias espirituais, então, e, talvez, a piedade do próprio Espírito pranteado vêm em socorro daquela que tanto sofre pacientemente.

Se a ela própria convier, ou se a lei das diretrizes espirituais o permitirem, aqueles protetores e amigos proporcionar-lhe-ão um sonho onde são concedidas notícias do filho que regressou ao lar espiritual. Ela é, então, como que doutrinada, esclarecida de que a morte não existe e de que a sua mágoa excessiva é prejudicial ao filho supostamente morto. Ela se inteira ainda de que, retendo-o nas camadas vibratórias inferiores da

Terra, ao pé de si, pelo sofrimento excessivo que conserva, penaliza-o e constrange-o. Que ele, assim tolhido, não progredirá espiritualmente a fim de atingir os planos da verdadeira felicidade, que é a felicidade espiritual, e que até se poderá ressentir pelo excesso das lamentações maternas. E, como toda mãe é abnegada, ela se console e se resigna ao inevitável, para que o filho posse ser feliz.

O que o autor espiritual de "O sonho de Rafaela" afirma ser antigo e conhecido é o *tema* e não propriamente o conto escrito por ele. O conto é versão dele, escritor espiritual, sobre o antigo tema. E se observarmos em torno de nós mesmos, havemos de descobrir que muitas mães que perdem os filhos e por isso sofrem, resignadas, obtêm sempre uma revelação espiritual com o dito tema. Trata-se, portanto, de manifestação espírita doutrinária, consoladora, através do sonho. Mediunidade onírica, portanto, isto é, mediunidade pelo sonho, faculdade que, não obstante comum, nem a todas as pessoas é dado possuir.

2 – O fato de um escritor, espiritual ou não, escrever narrativas usando a primeira pessoa do singular (eu), como se ele próprio vivesse o caso, não quer dizer que exponha acontecimentos da própria vida.

Léon Tolstoi, o autor espiritual da novela mediúnica "O segredo da felicidade", não se identifica como a personagem Wladimir Kupreyanof, da mesma novela, ainda porque, na época em que se desenrola a primeira parte da história narrada, o grande e saudoso escritor russo já era nascido, na sua última existência terrena (1828–1910).

O modo de escrever, narrando acontecimentos, usando-se a primeira pessoa do singular é, portanto, apenas *estilo literário* muito em moda entre os escritores do século passado. E estilo clássico, sugestivo, capaz de despertar a atenção do leitor.

Em várias das demais historietas, contidas no volume em apreço, há esse mesmo modo de expressão, esse estilo sempre claro, agradável e atraente, expondo teses importantes do Evangelho e do Espiritismo, das quais o leitor precisa inteirar-se. Isso, contudo, não impede que as narrativas sejam autênticas, embora vividas por outras pessoas. E é possível que, tratando-se de assuntos vividos no além-túmulo, os fatos realmente se passassem com o próprio narrador, visto que os Espíritos escritores declaram que jamais se servem da ficção para as obras doutrinárias que escrevem.

Muitos escritores modernos, notadamente ingleses e norte-americanos, usam a mesma forma literária, isto é, narram suas belas novelas e seus romances usando a primeira pessoa do singular, como se eles próprios tivessem vivido as peripécias que descrevem.

3 – Jamais um ser dotado de consciência — essência divina que fornece individualidade — estará totalmente inconsciente, em Espírito.

O recém-desencarnado, portanto, não estará anulado, não obstante a crise que o acomete através das perturbações inerentes ao processo de desligamento dos laços magnéticos que o prendem ao corpo físico, mesmo nos casos de suicídio.

O suicida Guilherme, que ilustra o capítulo 6 do livro *Recordações da mediunidade*, encontrava-se, em verdade, num estado de confusão pronunciada, de pesadelo, mas não propriamente anulado, passada que fora a primeira fase após a tragédia, durante a qual há o estado traumático que acomete o paciente como se se tratasse de um colapso.

Se ele se comunicasse mediunicamente, pela incorporação, transmitiria o seu estado mental, qualquer que este fosse e por mais confuso que permanecesse, isto é, queixar-se-ia das dores que sentisse refletidas no perispírito e mentalmente conservadas desde o momento em que o coração foi atingido pelo projétil; queixar-se-ia da confusão em que se debatia das dificuldades financeiras que o arrastaram ao ato trágico, dos pavores que acometiam sua consciência, das visões que tivesse do próprio passado desfilando por suas lembranças quais aflitivas *visões panorâmicas*; de visões outras, próprias do descontrole vibratório e dos assédios obsessores, e talvez até pedisse um médico, pedisse água e chamasse pela esposa e pelos filhos. Outrossim, apresentaria arrependimento, desapontamento por sentir-se ainda vivo e pensante e talvez até manifestasse ímpetos de se ferir novamente, tentando destruir-se por uma segunda vez, pois as manifestações mediúnicas, exatas, de Espíritos de suicidas costumam apresentar todos esses característicos.

A palavra mais não é do que uma vibração do pensamento. Um médium bem dirigido pelos orientadores espirituais e por um diretor encarnado competente absorve todas as impressões do Espírito comunicante e as transmite em palavreado fluente, principalmente os médiuns qualificados como *positivos*. Uma vez interpenetradas as vibrações das duas mentes, pela ação magnética própria do perispírito, a serviço da mediunidade, a comunicação será estabelecida e o médium poderá traduzir o estado real da mente comunicante. E, com efeito, a prática dos fenômenos mediúnicos, a observação dos investigadores e os próprios ensinamentos advindos dos Espíritos instrutores assim o demonstram.

Quando tal não se verificar, será por deficiência nervosa ou vibratória do médium e dificuldades do ambiente, que nem sempre é favorável ao brilho das manifestações, mas o que é certo é que essa é a feição normal do fenômeno.

***

Será bom, sim, que os interessados no estudo do Espiritismo atentem nos detalhes das leituras que fizerem, pois que esses detalhes são preciosos e poderão provocar elucubrações muito elucidativas. A Doutrina Espírita profunda, complexa, e seu estudo é uma fonte de ensinamentos e descobertas inesgotáveis para o investigador. E, nesta época de guerras, tragédias e incompreensões, que assinalam o fim de um ciclo de evolução para a humanidade, será honroso para nós outros, os adeptos da Doutrina Celeste, que o Senhor de todas as coisas nos encontre atentos ao trabalho, procurando a Verdade e assimilando o Bem, para que não passemos pela dor ou pela vergonha de sermos considerados obreiros infiéis e desinteressados da reprodução dos talentos confiados pelo Céu à nossa guarda...

Destino e livre-arbítrio

Uma das indagações que frequentemente ouvimos nas rodas dos iniciantes de Espiritismo refere-se aos casos de homicídio e de suicídio. Entendem os indagadores que o homicida traz consigo a necessidade, ou destino, de matar aquele sob cujas mãos futuramente sucumbirá. E estendem o sofisma aos casos de suicídio, entendendo que também o suicida reencarnou com o destino de matar a si próprio.

Ambos os casos, no entanto, devem ser meditados e bem compreendidos, não sofismados, para que o adepto não resvale para a inconveniência de propagar a Doutrina dos Espíritos erradamente, comprometendo a limpidez da lógica por ela apresentada e assumindo a responsabilidade de contribuir para incentivar falsos raciocínios nos cérebros frágeis, aos quais a razão ainda não esclareceu.

Ora, nos Dez Mandamentos da Lei de Deus, código de ouro, estabelecido para reger a humanidade, há um dispositivo incisivo, exposto de forma a não permitir sofismas nem dubiedades. É o 5º — Não matarás.

Jesus, o mestre por excelência, expôs a moral perfeita, prosseguimento da primeira, isto é, dos Dez Mandamentos, moral que condena até mesmo a expressão descortês de uma pessoa para com a outra. Declarou que "quem matar pela espada morrerá pela espada" e não cessou de recomendar o amor recíproco como base para toda a felicidade e prosperidade moral espiritual das criaturas humanas.

Por sua vez, a revelação espírita, seguindo nas pegadas das duas primeiras revelações de Deus aos homens, adverte, com as mais categóricas demonstrações dos próprios fatos, que o homicídio e o suicídio são infrações gravíssimas às Leis de Deus. Chega mesmo a apresentar ao adepto, durante as sessões chamadas práticas, a situação espiritual impressionante, pelo sofrimento, de ambos os infratores, cuja consciência, atormentada pelos remorsos da terrível infração, é tudo o que há de mais patético e angustioso que a mente humana poderia conceber.

Não é verdade, portanto, que alguém renasça com a destinação de assassinar o seu próximo ou a si mesmo. A lei da reencarnação foi estabelecida, desde o princípio das coisas, tendo por alvo o progresso, a evolução da criatura e não a sua desgraça.

A Lei de Deus, que rege a moral das criaturas, por sua vez mantém como base o amor universal.

Se, pois, um Espírito reencarnasse com a destinação de ser homicida estaria destruída a lei do amor universal e o crime seria praticado com a aprovação divina, o que é absurdo julgar.

O homicídio e o suicídio, portanto, são duas graves infrações das leis estabelecidas por Deus e, por conseguinte, não pode ser destino de ninguém a prática de ambos. Se uma pessoa se torna homicida ou suicida, agiu por sua própria iniciativa, serviu-se do livre-arbítrio, pois todos nós somos responsáveis, temos liberdade para agir livremente, não somos escravos nem autômatos, obrigados sempre a agir sob pressão de outrem ou de uma fatalidade cega. Somos Espíritos dotados de poderes para escolhermos as próprias ações e jamais teremos nossa vontade tolhida senão pelos clamores da própria consciência ou pelo senso da própria razão. E é isso, justamente, que acarretará méritos para o nosso ser espiritual, operando a glória que nos há de transfigurar perante a lei divina. Se agirmos erradamente, fazemo-lo sob nossa exclusiva responsabilidade. Então, assim sendo, futuramente sofreremos as consequências da nossa desarmonizarção consciencial com as normas divinas da lei natural que rege a humanidade, e desse sofrimento, então, surgirá a experiência e a emenda dos maus costumes.

Casos há em que o Espírito desencarnado, culpado de homicídio, se vê perseguido pelo remorso, a tal ponto intenso que voluntariamente escolhe uma reencarnação em que sucumbirá também pelo homicídio, ou por outra forma dramática, sofrendo então penalidade idêntica a que infligiu ao próximo anteriormente. Todavia, aquele que, por sua vez, o assassinará, não trouxe o destino de o assassinar. Fê-lo porque seu mau caráter e seus instintos inferiores o arrastaram a isso, levados pelas displicências do próprio livre-arbítrio e não por determinação da Lei de Deus.

De outro modo, a Lei divina faculta ao culpado resgatar os crimes praticados, numa ou mais existências terrenas, com outras existências devotadas ao bem, as quais o levarão a proceder de modo inverso ao que procedeu anteriormente. Ele poderá, então, salvar da morte trágica um ou mais indivíduos com o sacrifício ou não da própria vida e exercer o bem de várias outras maneiras. Também poderá sucumbir tragicamente, sem ser por homicídio, e assim sofrer a prova dolorosa que infligiu a outrem, destruindo-lhe a vida corporal. E tudo isso frequentemente acontece sob nossas vistas, bastando apenas observarmos os fatos cotidianos da vida e sobre eles meditarmos à luz dos ensinamentos espíritas, para tudo compreendermos.

A Lei de Deus se é severa e não acoberta nossos crimes com um perdão gracioso, que dispensaria a emenda, também é misericordiosa, porque faculta ao culpado vários modos de expiar as faltas, sem provocar o círculo vicioso da prática de novos crimes, para que os crimes do passado sejam expurgados.

Uma vida dedicada ao bem, portanto, poderá ser resgate de erros passados, realizações invertidas de outras tantas vidas onde crimes avultaram.

O mesmo sucede ao suicídio.

O suicida é um infrator, dos mais graves, das Leis de Deus. A responsabilidade do seu ato é unicamente dele, ou, de algum modo, responsabilidade compartilhada por um obsessor, se este existir agravando a situação.

Segue-se que a gravidade de ambos os casos não será sempre a mesma, dependendo das circunstâncias particulares a cada caso e até do grau de evolução moral-intelectual de cada um.

O estudo das Leis de Deus é, pois, complexo e profundo. O Espiritismo possui elementos para esclarecer o seu adepto sobre muitas nuanças dessa lei. Não há necessidade, assim sendo, de o aprendiz espírita debater-se em dúvidas ou recorrer aos sofismas ou às ideias pessoais a fim de esclarecer o seu vizinho. Bastará que, metodicamente, consulte os verdadeiros compêndios doutrinários, ditados do Além pelos emissários do Cristo, que codificaram a Doutrina. Consultemo-los, pois, a fim de que sejamos bons propagandistas das Verdades celestes que a Doutrina dos Espíritos nos revela. Evitemos, para nossas consciências, a responsabilidade de transmitirmos, aos nossos amigos e ouvintes, falsos conceitos doutrinários originados das nossas ideias pessoais pouco esclarecidas. E lembremo-nos de que Jesus, o educador dos nossos Espíritos, conta conosco para intérpretes fiéis do que vem sendo revelado do Alto por um acréscimo de misericórdia para com o gênero humano.

SONHOS...

No capítulo VIII de *O livro dos espíritos*, questão 400 e seguintes, há minuciosa explicação sobre o atraente assunto dos sonhos, que todos frequentemente temos. E na bibliografia espírita, inclusive os romances, e talvez principalmente nestes, as explicações sobre o assunto são variadas e satisfatórias.

E sempre bom, no entanto, insistirmos nessa meditação, visto que a prática tem demonstrado que importante intercâmbio entre os Espíritos desencarnados e os encarnados pode estabelecer-se quando dormimos e sonhamos.

Muitos amigos, mesmo de outras localidades do Brasil, frequentemente nos participam dos sonhos que tiveram, e, pouco sabendo ainda das questões da vida espiritual, conseguintemente, da *emancipação da alma*, solicitam explicações precisas, que tranquilizem as suas inquietações a respeito.

De princípio, devemos esclarecer que o melhor que todos temos a fazer, para desdobrarmos essa tese e as demais que nos possam interessar, é recorrer aos livros básicos do Espiritismo para neles fazermos um estudo consciencioso. Em seguida, tomar dos demais códigos doutrinários, mas códigos legítimos, firmados pelos colaboradores de Allan Kardec, a fim de nos instruirmos da capacidade da alma humana e suas possibilidades. Mas, como o dever do adepto é jamais deixar passar a oportunidade de esclarecer aquele que o procura, interessado no aprendizado doutrinário, aqui trazemos a nossa contribuição para uma informação sobre os sonhos, a pedido de amável leitora de *Reformador*, residente no interior do país.

A questão 401, de *O livro dos espíritos*, interroga:

Durante o sono, a alma repousa como o corpo?

Resposta: Não, o Espírito jamais está inativo. Durante o sono, afrouxam-se os laços que o prendem ao corpo e, não precisando este então da sua presença, ele se lança pelo espaço, e entra em relação mais direta com os outros Espíritos.

A questão 402 indaga:

Como podemos julgar da liberdade do Espírito durante o sono?

Resposta: Pelos sonhos. Quando o corpo repousa, acredita-o, tem o Espírito mais faculdades do que no estado de vigília. Lembra-se do passado e algumas vezes prevê o futuro. Adquire maior potencialidade e pode pôr-se em comunicação com os demais Espíritos, quer deste mundo quer do outro.

Mais adiante, na mesma questão: "Graças ao sono, os Espíritos encarnados estão sempre em relação com o mundo dos Espíritos" (o parágrafo é extenso e não podemos transcrevê-lo na íntegra).

Não obstante, a observação e a prática dos assuntos pertinentes à personalidade humana autorizam-nos a aceitar, convictamente, o seguinte, relativamente ao sonho: existem sonhos que não passam de frutos do nosso estado mental, ou nervoso, esgotado ou preocupado com afazeres e peripécias cotidianos. Outros são reflexos que nossa mente conserva dos fatos comuns da vida diária, e agora repetidos como num espelho:

fazemos então, durante o sono, os mesmos trabalhos a que nos habituamos durante a vigília; tornamos às mesmas conversações, discussões, etc., ou realizamos, por uma espécie de autossugestão, os desejos conservados em nosso íntimo, os quais não tivemos possibilidade de realizar objetivamente: viagens, visitas, posse de alguma coisa e, às vezes, algo nem sempre confessável. Esses sonhos são medíocres e, geralmente, se confundem com outras cenas, num embaralhamento incômodo, que bem atestam perturbações físicas: má digestão, excitação nervosa, depressão etc. São, pois, mais reflexos da nossa vida cotidiana reagindo sobre o cérebro do que mesmo acontecimentos oriundos da verdadeira emancipação da alma. Comumente, tais sonhos acontecem durante o primeiro sono, quando as impressões adquiridas durante a agitação do dia ainda vibram em nossa organização cerebral não tranquilizada pelo repouso.

Os verdadeiros sonhos, porém, diferem bastante dessas perturbações. E pela madrugada, quando nossas vibrações, mais tranquilizadas, adquirem força de ação, que poderemos penetrar o campo propício às atividades reais do nosso Espírito.

Uma vez o nosso Espírito emancipado, temporariamente, durante o sono, partimos em busca de antigas afeições, momentaneamente esquecidas pela reencarnação, e nos deleitamos com sua convivência. Visitaremos amigos da atualidade, dos quais estávamos saudosos. Poderemos mesmo fazer novas amizades até em países estrangeiros, alargando, assim, o círculo de nossas afeições espirituais. Ao desencarnarmos, novos amigos encontraremos à nossa espera, a par dos antigos, a fim de que o amor se estabeleça em gerações humanas futuras, melhorando o estado da sociedade terrena. Poderemos trabalhar para o bem do próximo, encarnado ou desencarnado, sob a direção de mestres da Espiritualidade, ou, voluntariamente, obedecendo aos fraternos pendores que poderemos ter. Poderemos estudar e fazer verdadeiros cursos disso ou daquilo, assim armazenando preciosos cabedais morais-intelectuais nos recessos do espírito, cabedais que poderão aflorar em nossa vida de relação através da intuição, auxiliando-nos o progresso, nosso ou alheio. Poderemos rever o próprio passado espiritual, levantando, por momentos, os véus do esquecimento para novamente vivermos cenas dos nossos dramas pretéritos etc. Mas, tais sonhos não são comuns. Trata-se mais de um transe anímico, uma crise, do que mesmo do sonho comumente compreendido. E poderemos ainda alçar-nos ao Espaço e assistir a acontecimentos, cenas, fatos pertinentes ao mundo espiritual, ou deles coparticipar. E como o Invisível normal é parecido com a Terra, embora superior a ela e muito mais belo, julgamos mil coisas, ao despertar, sem atinarmos com a verdade. Os médiuns, principalmente, logram sonhos inteligentes, de uma veracidade e precisão incomuns. São, frequentemente, revelações que recebem dos amigos espirituais, instruções ou aulas, avisos de futuros acontecimentos, planos para desempenhos melindrosos, às vezes mais tarde confirmados pelos acontecimentos. A estes poderemos denominar *sonhos magnéticos*, visto que são como que transes provocados pela ação sugestiva dos instrutores invisíveis, que trabalham usando como elemento o magnetismo, tal como acontece com os operadores encarnados. Nessas condições, a emancipação da alma será mais pronunciada. E há até sonhos estranhamente coloridos, frutos de uma revelação, talvez até da contemplação de fatos presenciados no Além, não obstante a Medicina qualificá-los de fantasias e alucinações, denominando-os produtos do *onirismo*, quando a verdade é que se trata de uma faculdade a que chamaremos *mediunidade pelo sonho*, sobre a qual a *Bíblia* tanto informa.

Se, ao despertarmos, formos capazes de recordar tudo ou mesmo apenas fragmentos desses estados de emancipação da nossa alma, aí teremos os sonhos...

É bom lembrar que também poderemos resvalar, durante a mesma emancipação, para ambientes sórdidos, da Terra mesma ou do Invisível, conforme o nosso estado mental, moral e vibratório, e ali convivermos numa sociedade perniciosa, absolutamente inconveniente ao nosso bem-estar moral e espiritual. Se tais arrastamentos não forem vencidos pela nossa vontade, poderemos, ao fim de algum tempo, adquirir obsessões que variam do completo domínio da nossa mente, pelos obsessores, até a aquisição de vícios e arrastamentos torpes, que nos poderão desgraçar.

Todos esses acontecimentos deixarão atestados em nossas vibrações: ao despertarmos, estaremos tranquilos, esperançados, reanimados para o bem e para o trabalho em prol do progresso, se alçamos as regiões educativas do Invisível; ou nos sentiremos deprimidos ou irritados, angustiados e ineptos, se nos rebaixamos a convivências perniciosas dos ambientes maus. Não confundir, no entanto, estados patológicos do esgotamento físico, que também nos farão despertar, pela manhã, completamente indispostos para a boa marcha da vida, com as observações acima expostas. Outrossim, a convivência espiritual má, durante o sono, poderá arrastar-nos a depressões generalizadas, redundando em enfermidades e até em obsessão e, possivelmente, em suicídio.

Nossa personalidade é rica de poderes e possibilidades. Vale a pena, então, estudarmos a nós mesmos a fim de melhor nos conhecermos, tratando de nos reeducarmos consoante as leis do bem e do equilíbrio moral e emocional. Oremos e vigiemos, fazendo por onde nos recomendarmos à assistência protetora dos guias espirituais, a fim de que os momentos do nosso sono se tornem em ensejos felizes para instrução, progresso, saúde e alegria para nós próprios...

Um pouco de raciocínio

Durante uma conversação amistosa entre espíritas, falava-se dos fenômenos mediúnicos desde que eles começaram, em 1848, a atrair o interesse mundial através dos acontecimentos supranormais em torno das meninas Fox, na pequena aldeia de Hydesville, nos Estados Unidos da América do Norte. Um dos presentes, senhora que atualmente inicia o aprendizado espírita, aparteou, em dado momento:

— Pois é! Tantos fenômenos positivos, reais, empolgantes, dos quais temos notícias através dos livros! Tanta facilidade em se obter, dos Espíritos amigos, orientações para todas as tentativas referentes à vida material! Tantos anúncios de ocorrências importantes, as quais bem cedo se realizaram com todos os detalhes anunciados pelo mundo invisível! O próprio presidente dos EUA, Abraham Lincoln, ouvia a sua médium preferida, Nettie Colburn Maynard, sobre assuntos puramente materiais, até mesmo sobre o seu governo e a Guerra de Secessão, anunciando-lhe as vitórias que conquistaria, orientando-o no que deveria ou não fazer relativamente à mesma, enfim, assuntos positivos da vida material eram então esclarecidos, aconselhados e até facilitados pelos Espíritos. Por que somente eu não obtenho orientações espirituais sobre os meus negócios? Por que os médiuns, a quem tenho consultado, no Brasil, afirmam não poderem recorrer aos Espíritos a fim de pedirem esclarecimentos sobre os negócios que desejo realizar, quando o Presidente Lincoln era esclarecido e auxiliado por eles até sobre a Guerra Civil que se verificou durante o seu governo?

"Tenho um parente, a quem muito quero, que, por uma dolorosa circunstância, se viu encarcerado e processado pela Justiça. Entrará em julgamento agora. Ansiosa, recorri a um médium dito *kardecista*, pedindo-lhe perguntasse ao seu guia espiritual, ou ao meu, se esse parente seria absolvido. Respondeu-me o médium afirmando que tais pedidos não devem ser feitos aos guias, que eu orasse, suplicando a misericórdia de Jesus para o detento, segundo as vistas do Criador, e que ele próprio, médium, oraria com fervor a benefício do prisioneiro, mas que não faria tal pedido aos guias protetores.

"Por que não pude ser atendida na minha pretensão? Por que uns obtém o que desejam dos Espíritos, e outros não?"

Pediram os amigos presentes que algo disséssemos a respeito, mas que o fizéssemos por escrito, uma vez que isso seria, talvez, de utilidade para outrem.

Do ano em que o ilustre presidente Lincoln se preocupou com os fatos espíritas, consultando o seu médium de confiança sobre seus problemas na chefia do governo, à atualidade, há o espaço de um século! Por aquele tempo, não obstante já existir a Codificação Espírita, realizada por Allan Kardec, o Espiritismo não era aceito na grande América (e hoje ainda o é raramente), como também não o era na própria Europa, senão pelos caracteres mais compreensivos e sensatos, e assim mesmo como uma curiosidade empolgante, ou quando muito, como uma ciência talvez de grande futuro para a humanidade. Segue-se que ainda hoje, na própria América e também na Europa, o conceito sobre o Espiritismo é mais ou menos o mesmo.

O Espiritismo, convertido em Filosofia e Moral pela Codificação de Allan Kardec, não é aceito senão por uma minoria talvez

Um pouco de raciocínio

desanimadora. Assim sendo, nos tempos de Lincoln, naqueles países eram comuns tais indagações, por ser a mediunidade considerada apenas uma força devassadora do Invisível, para revelações importantes, mas destituída daquele sacrossanto ideal exposto pelos Espíritos celestes na obra da Codificação kardequiana.

Há um século, os Espíritos admitiam tais especulações, em vista da necessidade de provar aos homens a imortalidade da alma e a possibilidade de ela se comunicar com eles; de serem identificadas, reconhecidas e aceitas através de insofismáveis provas das próprias atividades gerais junto aos mesmos homens, anunciando nova era para a humanidade. Então, o mundo assistiu a fenômenos mediúnicos importantes, com a quase totalidade de médiuns dotados de poderes psíquicos favoráveis ao alvo a colimar. Tais fenômenos, no entanto, recebidos como acontecimento natural, como realmente são, e não com o entendimento superior que só o coração fornece, não conseguiram levar a todas as almas aquela moral imortal, irresistível, que somente o Espiritismo, aliado ao Evangelho do Cristo e apresentado pela escola de Allan Kardec, soube infiltrar no coração dos seus discípulos. No Brasil, onde a Escola Espírita fundada por Allan Kardec foi vigorosamente aceita, respeitada e amada, o médium não se dedica a investigações fora do limite traçado pelos postulados do Consolador, porque aprendeu, com os eminentes Espíritos que revelaram a Doutrina a Allan Kardec, que a finalidade da mesma é a renovação moral do indivíduo e não propriamente a sensação do fenômeno psíquico; que os Espíritos permitiram de início, sensacionais fenômenos, a fim de despertarem a atenção da massa para a revelação da Moral regeneradora que eles traziam; que a mediunidade é um dom de Deus concedido para auxílio da aproximação do homem ao seu Criador através dos ensinamentos superiores que ela poderá captar do Alto e transmitir à Terra, e não para profetizar acontecimentos que se encontram sob os desígnios da Lei de Deus ou para indicar a este ou aquele o melhor negócio a tentar para enriquecer facilmente. Sobre tais aspectos, ensina a Doutrina codificada por Allan Kardec, reportando-se ao Evangelho do Cristo, lembrando o que foi dito, pelo próprio Mestre, há quase dois mil anos: "Procurai primeiramente o reino de Deus e a sua justiça; o resto ser-vos-á dado por acréscimo de misericórdia", isto é: renova o teu caráter com a prática das virtudes; reeduca a tua mente, os teus hábitos, os valores do teu espírito; cumpre fielmente o teu dever, inspirando-te na Moral do Cristo, e espera, confiante, porque tudo o de que necessitares e desejares virá às tuas mãos pela ordem natural das coisas, sem se tornarem necessárias indagações descabidas aos amigos espirituais.

Nettie Colburn Maynard era médium positivo, possuidor de grandes forças intermediárias, e produziu belos e legítimos fenômenos de incorporação, mas recebia pagamento em dólar pelos serviços, inteiramente pessoais e materiais, que prestava ao próximo, o que não fará um médium reeducado sob os auspícios do Consolador. O fato, aliás, fora da Codificação e do Evangelho, parece não causar escândalo, porque outros médiuns daquela época faziam o mesmo.

A Codificação do Espiritismo, porém, elevou a comunicação dos Espíritos com os homens ao grau de Revelação celeste, e sublimou o dom mediúnico, aliando-o à moral do próprio Cristo, educando-o em princípios superiores e fornecendo-lhe categoria de missão. O médium, assim educado, respeitará a faculdade que Deus lhe concedeu e não se dedicará a indagações ao Invisível, em nome do Cristo, sobre quaisquer negócios financeiros terrenos, nem se arriscará a profecias de qualquer natureza, senão aguardando a voluntária manifestação dos Espíritos competentes e amigos sobre futuros acontecimentos. Hoje, a um século dos primeiros movimentos espíritas, já não serão tolerados os arrojos, que então se toleravam, senão nos meios refratários ao Evangelho, os quais precisarão ser sacudidos pelos fatos positivos da Ciência. Mas, pelo amor, pelo raciocínio da fé e da confiança, chegar-se-á ao mesmo resultado da verdade a que o grande presidente e outros do seu tempo chegaram. Nettie, a médium citada, possuía faculdades mecânicas apropriadas para os fenômenos obtidos, faculdades que não são comuns. Mas os médiuns não são exatamente iguais. Existem especialidades para a obtenção de determinados fenômenos entre a variedade de médiuns, o que nem sempre permite que um possa obter o que outro obtém. A quem a dúvida afligir, um único recurso é aconselhável: estudar o assunto, aplicar-se às consultas aos códigos legítimos da Doutrina e à observação sadia dos fatos; distinguir a diferença existente entre a comunicação, única e exclusivamente como fato mecânico indicativo do dom fornecido pela natureza, e a celeste doutrina do Consolador, codificada por Allan Kardec, a qual, quando verdadeiramente aceita e praticada, produz o maior e mais sublime de todos os fenômenos: a regeneração do pecador, que se transforma em digno seguidor daquele que há dois milênios lançou ao mundo esta convidativa novidade: "Eu sou o Caminho, a Verdade e a Vida; ninguém irá a Deus senão por mim".

A comunicação dos Espíritos é a mensagem da Luz convidando o homem ao preparo para a união com Deus.

A Codificação realizada por Allan Kardec é a moral superior do Cristo ativando a reeducação das possibilidades humanas para a aceitação do divino convite.

A FORÇA DO EXEMPLO

O espírita sincero, que compreendeu e assimilou a essência da Doutrina que professa; o espírita que, assimilando essa essência, reconheceu que precisa reformar-se, operando em si mesmo uma ressurreição de valores morais, renovando o próprio caráter, os hábitos, os pensamentos, as ações, a vida, enfim, esse espírita está para a vida atual como os cristãos do primeiro século estavam para a sociedade do seu tempo. O modo de viver daqueles cristãos, a sua conduta diária, certamente também as conversações que sustentavam e o palavreado que usavam seriam dignos, discretos, sérios e, também, belos e benéficos. Isso não implicaria beatice, isto é, a pieguice das atitudes forçadas, que fingem virtudes que não existem, e nem a tristeza, a hipocondria supersticiosa, que repreende a satisfação do adepto por julgá-la incompatível com a espiritualização de cada um. O cristão primitivo traria a irradiar da sua alma a alegria imortal daquele que encontrou a Verdade e que se aquece e revigora à sua luz, muito embora as amarguras sofridas com as perseguições e os suplícios nobremente testemunhados. Da mesma forma procede o espírita realmente compreensivo, o espírita legítimo, que assimilou a luz com que sua Doutrina lhe devassou o ser, clareando sua mente para a ressurreição pessoal que se impõe. Esse, não é um triste, mas um caráter equilibrado. Não é um santarrão e sim possuidor da boa vontade para o próprio progresso. Não se torna piegas, afetando uma religiosidade incompatível com a sinceridade, e tampouco fanático, esquivando-se ao contato da sociedade para se encerrar no exclusivismo impróprio daquele que se comprometeu a propagar o ideal que o levou à transformação de si mesmo.

O próprio Jesus era sociável. Aceitava convites para jantares, e o Evangelho dá notícias até de festins em sua honra; visitava amigos, dava-se a conversações na via pública com quem o procurasse, era solicitado para isto e aquilo e atendia às solicitações; de bom grado respondia a perguntas, e suas respostas, que foram lições para os que então as ouviram, continuam sendo lições preciosas para nós outros, que pretendemos seguir seus ensinamentos; visitava doentes, atendia-os, consolando-os e curando-os mesmo na rua; consentia em ser seguido por numerosas comitivas, tinha, portanto, vida social intensa, mas dela se utilizando para propagar os bons costumes, educar os que o cercavam, exemplificar as virtudes de que era relicário generoso. Seus apóstolos seguiram tais exemplos, mesmo depois da sua morte. Eram homens práticos, que enfrentaram os espinhos da tarefa que aceitaram e os arredavam, e sua conduta heroica, admirável, conseguiu reformar tantos indivíduos habituados ao lado pior da existência que, finalmente, uma era nova surgiu para a humanidade.

Tais considerações acorreram ao nosso pensamento após certa conversação entretida com três de nossos amigos espíritas, os quais apreciamos como adeptos sinceros da Doutrina dos Espíritos. Esses amigos são jovens. O mais velho dentre eles não conta sequer 33 anos de idade, e o mais moço não conta ainda 25. Todos três são funcionários de repartições respeitáveis, mas confessam que, nos primeiros tempos de convivência com os colegas, muito sofreram com a diferença da educação moral dos mesmos. Conversações indiscretas, maledicência, comentários pesados, palavreado grosseiro, impróprio, contundente, amoral mesmo, hábitos chocantes, para aquele que foi educado na doce escola da moral cristã e sob a proteção das vozes espirituais; o materialismo, a descrença em Deus e no Bem, o egoísmo, etc., então presenciados, foram padecimentos que os afligiram durante muito tempo. Mas esses jovens não se revoltaram. Deram, antes, mais valor à educação que no lar doméstico receberam, à luz do Consolador.

A força do exemplo

Também não se amoldaram aos hábitos que observavam, não aderiram ao palavreado do calão que reprovavam, vigiaram para que a linguagem que usavam fosse a mais discreta e harmoniosa possível. Se a conversação dos colegas exorbitava do mau gosto, retiravam-se discretamente; se eram convidados a diversões boêmias, escusavam-se, declarando que seus sentimentos já se não amoldavam ao fato. E às blasfêmias diante de uma anomalia contemplada no decorrer do dia respondiam, se solicitados, sob inspiração dos códigos espiritualizados em que se educaram. Um deles, cujas funções o obrigavam a chegar à repartição primeiro que os demais, decidiu colocar sobre a mesa de trabalho de cada colega uma dessas mensagens educativas que o Céu vem concedendo por acréscimo de misericórdia a todos nós. Os moços, assim homenageados, leram as mensagens, comentaram a beleza que elas encerravam, gostaram do assunto. Em verdade, os homens anseiam, no momento, por algo lógico que lhes forneça confiança em uma crença nas coisas divinas, exaustos que se sentem dos dogmas e imposições religiosas forjados pelos homens. À proporção que encontravam as belas mensagens em suas mesas, o interesse dos funcionários, pelo assunto, aumentava. Quiseram saber de onde provinham e como eram escritas. Obtiveram explicações, mas explicações fornecidas pelo bom conhecimento da causa, e o fenômeno mediúnico lhes foi descrito.

Para nós, espíritas, que somos os *filhos da casa*, essas mensagens podem não mais conter novidades, já não provocam emoções em nosso coração, que se habituou a elas, como a criança que, vivendo na fartura do leite e do pão, rejeita-os frequentemente, saciadas que se sentem com a abastança no lar paterno. Mas, para aquele que só conheceu dogmas inexpressivos, que não chegaram a lhes fornecer a crença em Deus e em si próprios; para aquele que só conheceu o negativismo, que vive no materialismo porque nada racional lhe foi exposto em matéria de fé, embora sedento por algo que edifique a sua alma; para aquele que, se sofre, nada mais encontra à sua volta senão a desolação da incompreensão, uma dessas mensagens é o convite à esperança e à doçura do bem, murmúrio celeste segredando que, para além de nós mesmos, algo sublime existe desconhecido, mas que precisa conhecido.

Pouco a pouco, nas três diferentes repartições, esses jovens espíritas começaram a ser respeitados pelos colegas, que neles compreenderam uma superioridade moral incomum. Cada um deles, conforme as circunstâncias do momento, propagava sutilmente o ideal que em suas almas alimentava essa mesma superioridade. Eles faziam, por assim dizer, como aquelas escravas cristãs recambiadas para Roma, as quais falavam da Doutrina do Cristo às suas senhoras, enquanto lhes penteavam os cabelos e lhes alindavam o corpo, convertendo-as, assim, ao Cristianismo.

As conversações se modificaram, em presença dos nossos três jovens espíritas. A linguagem antiga foi substituída por outra mais razoável. Dir-se-ia que os colegas, agora, se envergonhavam de se apresentar tão inferiores em presença daqueles que representavam uma ideia nova, um novo ideal reeducativo para a humanidade.

Os homens têm sede de consolo e verdade, e um idealista, como o espírita deve ser, muito poderá auxiliar o próximo a progredir moralmente, se, por sua vez, se amparar na paciência, no devotamento e na compreensão que a Doutrina lhe fornece.

Finalmente, esses três espíritos sinceros são, hoje, conselheiros dos colegas. Qualquer aflição que os assalte, qualquer indecisão ou contrariedade, qualquer dúvida sobre a vida ou sobre a morte, quaisquer anomalias observadas em cada dia é motivo de esclarecimentos e orientações à boa luz do Evangelho e do Consolador, por aqueles que se impuseram o dever de, pelo próprio valor pessoal, acenderem no coração do próximo a luz que a eles próprios aclara.

Eis aí uma sadia propaganda do Bem na vida prática diária. São as virtudes do Consolador penetrando o seio da sociedade qual Jesus e seus colaboradores o fizeram no passado. É ser, o espírita, colaborador, também, do Mestre amado.

Que os nossos jovens espíritas continuem assim, seguindo as pegadas de Jesus e dos seus primitivos seguidores, cujos exemplos ainda hoje representam a lição que nos encaminha à felicidade imorredoura.

O GRANDE ESQUECIDO

Caírbar Schutel, um dos denodados e fervorosos paladinos da Verdade espírita, que o Brasil conheceu, exemplo de dedicação e boa vontade para vencer, várias vezes nos dizia, em cartas que nos escrevia, durante a nossa juventude, quando também com ele nos aconselhávamos no desejo de acertar:

— Estude, estude também Léon Denis, meu caro jovem! Essa leitura é indispensável a qualquer de nós! Quem poderá dizer-se realmente espírita sem ter conhecido *O problema do ser, do destino e da dor*, *Depois da morte*, *No invisível* etc. Leia, leia essas obras, junte-as às de Kardec e um horizonte lúcido se descortinará para sua alma.

Por essa época sofríamos grandes provações. Nossa juventude nem foi fácil nem feliz. A amargura constante das impossibilidades que castigaram nossos anseios mais queridos, confrangendo nosso coração ininterruptamente, desdobrava-se para nosso semblante e, então, devíamos retratar o doloroso aspecto daqueles habitantes das sombras do mundo invisível, torturados pelos remorsos de haver ofendido a Deus quando ofendiam o próximo e a si mesmos, durante o estágio terreno. E tanto o conselho amigo de Caírbar Schutel se repetiu através das cartas, intentando reconfortar-nos, que ecoou favoravelmente em nosso ser necessitado de luzes e (bem lembrado ainda estamos do pormenor), por uma tarde chuvosa do mês de junho, abrimos um dos livros da série brilhante de Léon Denis, a fim de conhecermos o seu conteúdo.

Corria o ano de 1930, e o livro era o *Depois da morte*. Havia, pois, três anos que desencarnara o grande escritor francês.

Desde então não se passou ainda um ano sem que consultássemos ou relêssemos essa magnífica série de ensinamentos, de tratados de Doutrina Espírita de valor inestimável e plenos de vida e atualidade, os quais, a par dos livros da Codificação kardequiana, como que formam a estrutura, o arcabouço onde se assenta a maravilhosa filosofia espírita e a convicção do adepto. São, além do mais, esses tratados, páginas portadoras de grande beleza literária, obra de um escritor consumado, a quem a inspiração do Alto abrilhantou, e não sabemos o que ali mais admirar, se a exposição fecunda, profusa e clara da Doutrina dos Espíritos, se o estilo agradável e belo com que as teses filosóficas são expostas, tão belo esse estilo que foi o seu autor chamado *o poeta do Espiritismo*.

Nossa alma, que desde a infância se vinha dedicando ao estudo fiel dos ensinamentos de Kardec, encontrava-se preparada para as conclusões de Denis, e, então, rejubilou-se e como que reviveu ao contato do novo mestre, desafogando, em suas lições preciosas, dores contínuas, recalcadas, que afligiram nossa juventude. Seguidor de Kardec, colaborador fiel da obra do grande mestre lionês, apóstolo mesmo, que ofertou a própria vida à causa espírita através do trabalho realizado dia a dia para a sua difusão, Léon Denis é, com efeito, indispensável ao adepto que realmente deseje conhecer a Doutrina Espírita.

No entanto, esse mestre, esse orientador espírita, sincero e erudito, torna-se cada vez mais esquecido da atualidade espírita, tão necessitada de elucidação e orientação! Suas obras, para tristeza nossa, que tanto lhe devemos, chegam a levar quinze e vinte anos para se esgotarem nas livrarias, enquanto se vai propalando um modo de se praticar Espiritismo, por vezes, carente daquela verdadeira erudição indispensável ao bom desenvolvimento da Doutrina Espírita como filosofia. De outro lado, não só a erudição doutrinária colheremos estudando Léon Denis. Também nos envolveremos em matizes sublimes do Belo, tão necessário à saúde mental, pois o próprio Denis o diz: "O Belo é tão necessário à nossa alma como o Amor ao nosso coração e como o pão ao nosso corpo". A Moral se nos apresentará em suas páginas não apenas como reforma urgente para nossa honra espiritual, mas ainda como lei estética, ornamento que alindará nosso Espírito, tocando-o de uma beleza toda divina, que será indispensável adquirirmos.

Aos jovens espíritas, portanto, em quem os Espíritos superiores depositam tantas esperanças, recomendamos o estudo das páginas vigorosas de Léon Denis... Como outrora, em nossa juventude, Caírbar Schutel a elas nos encaminhou com seus paternais conselhos, a fim de revigorarem não só a nossa cultura doutrinária, mas também para reanimarem a nossa coragem para as lutas da existência, consolarem o nosso coração das decepções advindas em cada dia, até mesmo decepções sentimentais, enquanto nos elevam ao convívio dos iluminados seres espirituais capazes de nos transformarem em idealistas convictos, cientes do que querem e do que necessitam para a própria felicidade.

Finalizando nosso testemunho dos benefícios sorvidos nas importantes obras de Denis, aqui deixamos também pequeno trecho do capítulo XXII de *No invisível*, já que impossível será transmitir o capítulo todo, cuja beleza vale a nossa atenção e o nosso acatamento, assim alindando esta singela crônica:

"É preciso aperfeiçoar-se por dentro e por fora", afirma o sábio judeu. As companhias vulgares são, com efeito, nocivas à mediunidade, em razão dos fluidos impuros que se desprendem das pessoas viciosas e se adaptam aos nossos, para os neutralizar. É preciso também velar pelo corpo: *Mens sana in corpore sano*. As paixões carnais atraem os Espíritos de lascívia; o médium, que a elas se abandona, avilta o seu precioso dom e termina perdendo-o. Nada enfraquece tanto as altas faculdades como entregar-se ao amor sensual, que enerva o corpo e perturba as límpidas fontes da inspiração. Do mesmo modo que o lago mais puro e mais profundo, quando agita a tempestade, que lhe revolve o lodo e o faz subir à superfície, cessa de refletir o azul do céu e o esplendor das estrelas, assim também a alma do médium, turbada por impuros movimentos se torna inapta para reproduzir as visões do Além.

Há nas íntimas profundezas, nos recessos ignorados de toda consciência, um ponto misterioso por onde cada um de nós se integra no invisível, no divino. Esse ponto é que cumpre descobrir, ampliar, engrandecer; essa infraconsciência que desperta no transe, como um mundo adormecido, e patenteia o segredo das vidas anteriores da alma. É a grande lei da psicologia espírita, unindo e conciliando, no fenômeno mediúnico; a ação do Espírito e a liberdade do homem; é o ósculo misterioso resultante da fusão de dois mundos nesse frágil e efêmero ser que somos nós; é um dos mais nobres privilégios, uma das grandezas mais reais da nossa natureza.

Sublimes deveres e extensas responsabilidades acarreta a alta mediunidade. 'Muito se pedirá a quem muito recebeu'. Os médiuns são desse número. Seu quinhão de certeza é maior que o dos outros homens, pois que vivem por antecipação no domínio do Invisível, ao qual os prende um laço cada vez mais apertado. Um prudente exercício de suas faculdades os eleva às esferas luminosas do Além, e aí lhes prepara sua futura situação. No ponto de vista físico não é menos salutar esse exercício. O médium se banha, se retempera num oceano de eflúvios magnéticos que lhe dão poder e força.

Em compensação, tem que cumprir imperiosos deveres e não deve esquecer que suas faculdades lhe não são outorgadas para si próprio, mas para o bem de seus semelhantes e o serviço da verdade. É uma das mais nobres tarefas que possam caber a uma alma neste mundo. Para a desempenhar, deve o médium aceitar todas as provas, saber perdoar todas as ofensas, esquecer todas as injúrias. Seu destino será, talvez, torturado, mas é o mais belo, porque conduz às culminâncias da espiritualidade. No percurso extensíssimo da História, a vida dos maiores médiuns e profetas lhe oferece o exemplo do sacrifício e da abnegação.

Que, pois, nos decidamos a buscar também a companhia preciosa desse eminente colaborador de Allan Kardec, pois a presença de suas obras, em nossas mãos, só nos poderá elucidar, confortar e enobrecer, numa época brutal de materialidade, negativismo e falência moral que infelicita o coração humano e o mundo, tão necessitados de espiritualização.

Blasfêmia

Mais do que nunca somos de opinião que o adepto do Espiritismo precisa estudar, estudar amorosamente, a Doutrina que professa, habilitar-se no conhecimento da sua filosofia com a máxima atenção. Estudar Doutrina Espírita, porém, não será, certamente, limitar-se o adepto à leitura rápida de uma página expositiva, uma vez por semana, e comentá-la com seus pares durante trinta ou cinquenta minutos. Isso não basta. Será necessário o estudo diário, metódico, a meditação sobre o capítulo escolhido, a assimilação silenciosa a sós com nós mesmos, quando advêm as irradiações benéficas do Invisível ajudando-nos a penetração do assunto, como se tutelares espirituais nos servissem de mestres. É preciso que o adepto do Espiritismo conheça a sua Doutrina normalmente, ao menos, se não a fundo, que a aprenda na sua verdadeira essência, a fim de que não passe pelo humilhante vexame de não se saber conduzir diante de possíveis ataques de adversários, não apenas da sua crença, mas mesmo da ideia de Deus. Com o estudo sério, metodizado, bem orientado, a par dos serviços da beneficência para com o próximo e a convivência com os fatos mediúnicos, chegaremos a interpretar e até a praticar muitos ângulos da Doutrina que esposamos. Então seremos invulneráveis àqueles ataques, aptos a auxiliar com acerto os que a nós se dirigem, necessitados de esclarecimentos, sem nos chocarmos diante de quaisquer argumentos que acharem por bem nos antepor.

Ora, a falta de conhecimento doutrinário do espírita poderá conduzi-lo a situações difíceis e humilhantes, e um amigo nosso acaba de sofrer esse desgosto, exatamente por desconhecer pontos, por assim dizer, vulgares da Doutrina que professamos. É o caso que, em palestra com um médico, por sinal que possuidor de grande sensibilidade afetiva, mas, materialista, ouviu dele expressões chocantes acerca da ideia de Deus, e que o obrigaram a calar-se porque não teve como protestar contra o que ouviu. Revoltado diante da morte de uma criança de um ano de idade, vitimada por um câncer no cérebro, e que não pudera salvar, o médico declarava ao nosso amigo que não desejava entreter relações de amizade "com esse homem a quem chamam Deus", pois se sentia superior a ele em todos os ângulos, no sentimento afetivo inclusive, ao passo que "o tal homem tinha coragem de assassinar uma criança indefesa, dando-lhe um câncer no cérebro". Reportou-se ainda, o médico materialista, a crianças, filhas de pais paupérrimos ou miseráveis, que sucumbem de inanição por falta de leite com que se alimentem, coisa intolerável para o seu coração, mas que "o tal homem a quem chamam Deus constantemente permite, num sadismo revoltante". Não aceitava, pois, a existência do Criador e, por isso, diante de um crente, permitiu-se até mesmo expressões de baixo calão, com que supôs ofender a suprema Divindade.

Atordoado, o nosso amigo, sem saber como responder, visto não ser dedicado ao estudo da filosofia exposta pela Doutrina, apenas pôde retirar-se, assim reagindo contra os impropérios ouvidos. Entretanto, seria fácil ao nosso interlocutor algo dizer, ao menos a título de defesa, ou satisfação a sua própria crença em Deus, ainda que não visando à conversão do revoltado, pois que, corações e mentes imbuídos de má vontade de raciocinar sobre as coisas do Espírito somente se convencerão da verdade arrastados pela dor ou através do tempo, e jamais por uma simples conversação. Poderia dizer, por exemplo, que a lei estabelecida por Deus, para o bom viver da humanidade entre si, é o "Amor a Deus e ao próximo como a si mesmo", mas que ninguém a cumpre, certamente porque a observação dessa lei requer do crente renovação de si mesmo e trabalho, razão pela qual se avantaja o mal entre os homens, atingindo até as crianças. Que, muitas dessas crianças sucumbidas à míngua de alimentos, poderiam sofrer menos se os próprios pais as amassem melhor, privando-se do álcool e do fumo, que custam caro, para que o filho tivesse o leite; que, assim penalizado pela sorte de tais crianças, ele, o médico materialista, em vez de insultar Deus, sobre quem jamais raciocinou, ou raciocinou errado, procurasse ser um seu agente para benefício às mesmas, dedicando-se a movimentos humanitários a prol da criança sofredora, pois isso é dever do cidadão bem posto na sociedade, visto que todos nós somos agentes naturais do Criador para auxílio e proteção uns aos outros, e não fizesse como o levita da parábola messiânica, que se penalizou do ferido caído à beira da estrada, mas passou de largo, sem vontade de socorrê-lo; que uma criança que sucumbe vitimada por um câncer no cérebro estará resgatando terríveis faltas do passado reencarnatório; que tal sofrimento, que, de fato, penaliza, é redenção e não desgraça; que esse Espírito mesmo solicitou tal situação à Lei de Deus, antes de reencarnar, acossado pelo arrependimento de erros cometidos em passadas existências, erros que bem poderiam ter sido o suicídio, por exemplo, realizado por um tiro no ouvido, e cujas repercussões vibratórias acarretaram o mal que a Medicina é impotente para remediar; ou um crime contra outrem; indiferença, em passada existência, contra as dores de alguma criança a quem poderia ter socorrido, mas a quem não socorreu por não amar o próximo nem a Deus, pois que a indiferença pelos sofrimentos alheios é crime previsto nos códigos divinos, porque a lei é "Amor a Deus e ao próximo"; que uma criança que sucumbe pela inanição deveria ter sido, no passado, algum magnata egoísta que viveu para os gozos da vida sem se preocupar com a miséria da criança, ou de quem quer que seja; que nenhuma dessas supostas desgraças será eterna; que elas desaparecerão quando o homem cumprir aquela lei; que Deus não fere nem castiga quem quer que seja, ao contrário, suas leis são amorosas e protetoras, mas que a nós próprios cumpre observá-las e praticá-las para não sofrermos as consequências das infrações a elas próprias; que tudo isso é evolução e experiência que nos elevarão na escala moral, e que o blasfemo, que tudo desconhece sobre as coisas de Deus, porque sua pretensão e seu orgulho não o deixam conhecê-las, poderá renascer mudo, por exemplo, não porque Deus fosse insultado, pois que Ele é inacessível ao insulto, por ser o supremo Absoluto, mas porque o pensamento, de que a palavra se origina, é vibração que se imprime nos refolhos do nosso ser, e, na vida espiritual, quando nos capacitarmos da grandeza e da amorosidade de Deus para conosco, de tal forma nos arrependeremos das blasfêmias proferidas contra Deus, envergonhados e inconsoláveis, que nos castigaremos voluntariamente, condenando-nos ao silêncio de uma existência inteira, a fim de que aprendamos que a palavra é precioso dom que Deus concede para auxílio ao nosso progresso geral, nossa felicidade e nossa alegria, mas jamais para o insulto e a afronta contra o que quer que seja dentro da Criação, nem mesmo ao mais abjeto verme, e ainda menos contra o Criador de todas as coisas; que assim acontece porque possuímos o livre-arbítrio, somos senhores da nossa própria vontade, somos livres, portanto, de nos premiarmos com a paz da consciência, se bem procedermos, ou de nos castigarmos, se o remorso do mal praticado a isso nos impelir. E, finalmente, que a Revelação dos Espíritos, mostrando todo o ensino da Lei celeste de Causa e Efeito, faz compreender no sofrimento o trajeto da redenção do Espírito culpado, ao mesmo tempo que impele o homem a suavizar os mesmos sofrimentos, visto que também leva ao cumprimento da lei que tudo resolve e remedeia: "Amor a Deus sobre todas as coisas e ao próximo como a si mesmo".

Ao ouvirmos, pois, blasfêmias de qualquer natureza, que não nos choquemos, decepcionados. Antes, que possamos reprimi-las amigavelmente, usando palavras de amor e esclarecimento, pois que, comumente, o blasfemador é uma alma que também sofre, procurando a verdade sem boa vontade para encontrá-la, alma que igualmente devemos amar e servir.

O LIVRO QUE FALTAVA

Em uma das suas magistrais obras Léon Denis lembra que, quando lemos um livro, estamos convivendo com seu autor e as suas personagens, conversando com eles, ouvindo seus acertos e suas ponderações. Se o livro for bom: bem escrito, educativo, edificante, estamos diante de um mestre que leciona teses que nos reeducarão ou nos iluminarão a mente, o coração, os atos, a própria vida. "Dize-me com quem andas e te direi quem és", propõe o antigo adágio, usando uma filosofia admirável. O mesmo poderíamos dizer das leituras que fazemos: "Dize-me o que lês e te direi quem és". Nesse padrão de conceitos, poderemos conviver até mesmo com Jesus. Quem não sentirá a presença do Senhor ao ler "O sermão da montanha", "O bom samaritano", "O filho pródigo"? Quem não se sentirá visitando-o, quando Nicodemos o visitou? Quem não estará a seu lado, com Pedro, Tiago e João, ao reler o episódio da cura da filha de Jairo? Ou quando o vemos abençoar as criancinhas, acariciando-as no próprio regaço? E quem não se sentirá à mesa da ceia, reclinando sobre o seu peito como João, o apóstolo adolescente, meditando sobre a peroração aos Apóstolos, ou sobre a oração pelos discípulos? Tudo isso a só leitura de alguns poucos trechos dos Evangelhos nos faz sentir e viver. A sugestão do grande Denis é uma realidade e eis que acabamos de senti-la e prová-la ao lermos o belo livro que a FEB Editora publicou recentemente, livro que faltava em nossa bibliografia espírita nacional, e cujo conteúdo é comovente estímulo para quantos, na atualidade, ensaiam tarefas nos campos espíritas.

Trata-se do *Grandes espíritas do Brasil*, e seu autor, ou organizador, é o dedicado espírita Zeus Wantuil, que antes já nos brindara com outro grande documentário: *As mesas girantes e o espiritismo*.

O livro trata apenas de biografias de espíritas já de há muito chamados à pátria espiritual. Seria, portanto, um livro árido e pouco atraente se a vida desses espíritas, como homens e discípulos leais de Allan Kardec, não fosse dignificante positivação de atos e peripécias para o estabelecimento das diretrizes do Consolador no coração dos necessitados de fé ardente e raciocínio lúcido sobre a vida, sobre a morte, as dores e os sofrimentos que se acumulam neste mundo.

Uma fieira de batalhadores espíritas se descortina à nossa perspectiva mental quando lemos esse livro, esforçando-se, cada um deles, por um trabalho exaustivo para a difusão da Doutrina Espírita, em dias do passado, para que, no presente, nós outros possamos desfrutar do direito de sermos consolados de nossas próprias dores através da prática da Doutrina; de consolar o próximo sofredor à luz da mesma Doutrina; de nos reunirmos, confiantes, em nossos templos de fé; de levantarmos abrigos e lares amorosos para socorrer crianças, velhos, enfermos e desprotegidos da sociedade, e, por nossa vez, dizermos às claras, com liberdade e garantias, o que eles disseram no seu tempo por entre hostilidades alheias e sacrifícios próprios. Então, no grupo que esse belo livro apresenta, descortinamos o afã que cada uma daquelas figuras respeitáveis desenvolvia, deixando-nos exemplos salutares: Bezerra de Menezes, irradiando a bondade do coração incansável em servir aos que aos seus favores recorriam; Travassos, talvez o mais sofredor dentre todos, cujas provações, sofridas cristãmente, provocam as lágrimas dos nossos corações; Caírbar Schutel, ardoroso e combativo, construindo a cidadela espírita do Matão sobre a rocha viva da fé e das suas nobres qualidades, a despeito da oposição de outras crenças, cidadela que lá está ainda, irradiando frutos bons para os necessitados de pão espiritual; e é Anália Franco, genial, dinâmica mulher, criando, sempre, instituições ao redor dos próprios passos, trazendo a impressão de que, hoje, no Espaço, continua criando casas maternais para a reeducação de Espíritos de jovens impenitentes; e é Batuíra, lembrando a preocupação do mordomo fiel da parábola evangélica; e é Adelaide Câmara (Aura Celeste), doce e gentil, rodeada de crianças e com a cartilha nas mãos, ensinando seus pupilos a soletrar o amor nas páginas do Evangelho; e Leopoldo Cirne, o jovem, mas erudito presidente, que aos 32 anos de idade assumiu o pesado cargo da direção da Casa-Máter do Espiritismo no Brasil; e Frederico Júnior, indo da Gávea ao Engenho de Dentro a fim de aplicar um passe no doente que ansiosamente o aguardava, enfim, é toda uma falange benemérita de obreiros do Cristo e discípulos de Kardec, que souberam honrar o posto que assumiram e cujos nomes e serviços prestados à causa do Bem não podem ser olvidados pelos espíritas da atualidade.

Esses homens e essas mulheres, irmãos amados pelo nosso coração, deixaram aos espíritas que os sucederam o exemplo da dedicação, do trabalho e da fidelidade ao ideal superior que os engrandeceu perante si mesmos e a sociedade. Foram personagens fortes, que souberam resistir aos embates do mundo, não permitindo que as ervas daninhas das infiltrações perigosas e do personalismo invadissem o campo doutrinário. Ler *Grandes espíritas do Brasil* é conviver com eles, é caminhar na sua companhia, é presenciar suas dores resignadas para o resgate de um mau passado reencarnatório, e é vê-los agir na tarefa do bem a despeito das dificuldades contra as quais lutaram, aprender com eles o melhor modo de realizar as nossas próprias tarefas. Seus exemplos, pois, são dignos de ser conhecidos, a fim de que todos saibamos que também em dias do passado existiram espíritas dignos, fiéis, que souberam praticar o legítimo espiritismo, impelidos pela fé e pelo amor à causa divina. Com 609 páginas, bem escrito e bem impresso como todas as obras apresentadas pela FEB Editora, e uma capa expressiva e sóbria, *Grandes espíritas do Brasil* é documentário indispensável aos que se interessam pelos assuntos espíritas em geral.

Panorama

Parece que o espírito de confusão, arrastando sua coorte de discórdia, incompreensão e desamor, tem penetrado ultimamente todos os setores humanos a fim de que a *abominação da desolação* contamine até mesmo as *coisas santas*, isto é, o movimento interno das religiões, a essência em que elas se inspiram. Nem mesmo o Consolador, tão amado pelos que por ele foram beneficiados, se isentou dos reflexos dessas investidas, pois numerosos problemas preocupam aqueles que assumiram verdadeiras responsabilidades no seio da Doutrina dos Espíritos. Frequentemente surgem ataques às obras de Allan Kardec, refutações, destruição mesmo, pois, para alguns, a Codificação está *ultrapassada*, embora não aparecessem ainda obras melhores do que elas. Os Evangelhos, por sua vez, são dolorosamente rebatidos, quando o bom senso sugere é o exame construtivo em todos os setores que interessam a humanidade e não o ataque e o negativismo, como alguns espíritas livres pensadores tentam fazer. De outro modo, jovens inexperientes, imbuídos de ideias materialistas, ou negativistas, se confundem, incapazes de uma análise racional entre a Doutrina Espírita, a que se filiaram, e o materialismo, que as escolas do mundo lhes apontam com foros de razão, análise a que o Espiritismo vem resistindo vitoriosamente há um século.

Em torno desse desagradável panorama negativo, um jovem aprendiz de Espiritismo, residente no interior do País, escreveu-nos, há dias, muito aflito e confuso, pedindo consolo e esclarecimentos sobre melindroso fato ocorrido em seu núcleo espírita. Disse ele que certo expositor doutrinário do núcleo em questão asseverou, publicamente, ser desnecessário o estudo completo dos Evangelhos, bastando que apenas conheçamos os pontos esclarecidos por Allan Kardec em *O evangelho segundo o espiritismo*. Que o estudo geral desse código cristão é perigoso, e que as parábolas do Cristo são absolutamente inúteis, porquanto as parábolas são interpretadas segundo o parecer de cada um. Que as epístolas não têm valor para nós, espíritas, visto que nem mesmo se sabe se Pedro e Paulo existiram. Enfim, o *expositor* apresentou um programa de destruição daquilo que, quando ele próprio nasceu, já encontrou no coração do próximo há cerca de vinte séculos, sem nada possuir para repor no lugar daquilo que destruiu.

É lamentável que tais coisas aconteçam, mas a verdade é que acontecem, e o Evangelho aí está desafiando os séculos com uma literatura brilhante desde os seus primórdios, um serviço magnífico prestado à sociedade, sem que nada melhor fosse criado pelos *iluminados* da Terra a fim de substituí-lo. Nosso missivista, pois, que se tranquilize: essas críticas sempre existiram, mas a obra do Cristo é imortal e, apesar da incompreensão humana e da *competência* dos *mestres de obras feitas* há de permanecer. À proporção que o sentimento se depurar em nossos corações e o conhecimento amadurecer nossa razão, o que nos parece inútil ou defeituoso, naqueles códigos, se há de aclarar, pois nos Evangelhos também há ciência e transcendência, que nem a todos é fácil assimilar de improviso.

Destruir, com as nossas opiniões pessoais, o que se encontra feito é fácil, não há mérito nesse trabalho. Mas realizar algo melhor do que aquilo que criticamos ou destruímos é muito mais difícil, porque frequentemente nos escasseiam méritos para tanto. Por que destruir o Evangelho, lavrando confusão no coração daqueles que se sentem bem ao acatá-lo, quando uma literatura perniciosa, erótica, deprimente, infesta o mundo, corrompendo a mocidade? Rejeitar o Evangelho, arrancando-o do coração daqueles jovens de boa vontade, os quais, na hora difícil que atormenta a humanidade, se voltam para as coisas de Deus, engrandecendo o próprio caráter com um ideal superior, não será um crime? Sugerir-lhes, com tais críticas, que se tornem pessimistas, céticos, ateus, será próprio de quem um dia se comprometeu consigo mesmo a difundir o bem, do alto de uma tribuna? Repudiar o exemplo dos Apóstolos de Jesus, afetando descrença na existência deles, sim, é preferível, é cômodo, porque aceitá-los, imitando seus exemplos de abnegação e sacrifícios dará trabalho! Será necessário renunciar às atrações do mundo, que tanto agradam aos que vivem para si mesmos, será o sacrifício do repúdio às vaidades, e ao orgulho, que nos iludem o senso, pela adoção da humildade, do amor, do trabalho, da espiritualização de nós mesmos, da construção de valores pessoais, a fim de nos tornarmos dignos da mensagem do Cristo, como os Apóstolos o foram. Aceitar os *Atos dos apóstolos* será seguir o exemplo daqueles que a tudo renunciaram, até mesmo à família, ao bem-estar do lar, à tranquilidade da existência, para que o ideal divino, por eles difundido, penetrasse o coração do próximo e o reeducasse, enquanto eles próprios sofriam toda sorte de humilhações e martírio; e, por isso mesmo, porque ainda não possuímos capacidade para tanto, destruímos esse patrimônio humano nos corações jovens que se habilitam para, quem sabe? Conseguir a capacidade que nos falta.

    As parábolas do Mestre nazareno são lições imortais que nos ajudam a compreender a vida e cuja oportunidade e realidade poderemos constatar diariamente, nas peripécias da vida prática de cada um. Nenhum mortal até hoje conseguiu criar conceitos mais vivos e oportunos, e Allan Kardec tratou de algumas delas com visível respeito, sem destruir as demais, visto que era o *bom senso encarnado*. Porventura, *O bom samaritano* tem dois modos, ou modos múltiplos, de interpretação, como quer o nosso *expositor*? Porventura a *Parábola do filho pródigo* poderá ser interpretada de outra forma, senão aquela mesma que diariamente contemplamos em nossa sociedade? E "a casa construída sobre a rocha" não oferece a mesma interpretação desde o dia em que a palavra do Senhor se fez ouvir? E a voz de Jesus, bendizendo aqueles que o socorriam, quando socorriam o próximo, lição parabólica, também não brilha pela objetividade do pensamento? Porventura o senso, a razão e a lógica não nos ensinarão a compreender nessas parábolas o verdadeiro sentido que nelas imprimiu Aquele que as criou?

Uma mistificação não demora vinte séculos sustentando o ideal nos corações sinceros. Deus, o Criador de todas as coisas, não permitiria que, por uma mentira, que alguns sugerem ser os *Atos dos apóstolos*, as Epístolas, etc., criaturas devotadas e sinceras derramassem o seu sangue nos suplícios dos primeiros séculos, sofridos pelos cristãos, testemunhando a sublimidade do ideal pelo qual morriam, e nem o cérebro humano seria capaz de inventar personalidades da superior envergadura de Pedro e de Paulo. Que, pois, o caro missivista não se preocupe com o que possam dizer os *expositores* livres-pensadores, discípulos de Renan e não de Jesus e de Kardec. São ideias pessoais que não se conseguirão impor. Procure antes dedicar-se ao estudo fiel da Revelação Espírita, do Evangelho, de todos os compêndios, mesmo profanos, dignos de serem acatados, pois o mundo, e não somente o Espiritismo, necessita de personalidades cultas, mas bem orientadas, capazes de criarem o reino de Deus em si mesmas a fim de estabelecê-lo no mundo, e não de imitadores de opiniões alheias negativistas e destrutivas. Que os estude também na vida prática e sentirá a alma edificada, invulnerável a agressão de *expositores* que assim pensam porque ainda não conheceram o sofrimento, têm satisfeito até hoje os próprios desejos e paixões, mas, no dia em que a dor realmente os visitar, saberão compreender não só as Parábolas do Senhor, mas também procurar a companhia de Pedro e de Paulo, a fim de se consolarem meditando no heroísmo deles à frente das penúrias suportadas, ao mesmo tempo que aproveitando dos ensinamentos por eles deixados há dois mil anos aos corações humildes e de boa vontade, capazes de compreenderem a mensagem do Cristo a eles e aos demais discípulos confiada para nosso aproveitamento.

Os espinhos da mediunidade

Todos nós sabemos da grande responsabilidade que se assume no dia em que participamos de uma sessão espírita pretendendo o posto de intérprete dos Espíritos. É natural o desejo de ser médium, de praticar o intercâmbio com o mundo dos Espíritos, de sustentar conversações com os nossos guias espirituais ou os nossos seres amados que partiram para o Além. Mas o que muitos de nós ignoram é que os frutos bons que a mediunidade venha a dar dependem, dentre muitos outros quesitos importantes, do modo pelo qual ela é desenvolvida.

Em verdade, a mediunidade não carece de ser provocada. Ela se apresentará naturalmente, em época oportuna, suave ou violentamente, conforme as faixas vibratórias que então nos envolvam, trate-se de espíritas ou de adeptos de outras religiões. Tratando-se de pessoa ponderada, estudiosa, fiel à ideia de Deus, dotada de boas qualidades morais, a mediunidade desponta, frequentemente, com suavidade, pelos canais da fé e do auxílio ao próximo. Vemos, então, profitentes de quaisquer credos religiosos, o espírita inclusive, impondo as mãos sobre o sofredor e transmitindo o fluido generoso da cura, do alívio ao angustiado, da esperança ao aflito, sem que seja necessária a busca sistemática do desenvolvimento, a qual, se imprudente, na maioria dos casos tende a prejudicar o médium para sempre. E vemos também manifestações fortes, conflitos, enfermidades e até obsessões, cujo advento se processa, evidentemente, à revelia do indivíduo que lhes sofre os influxos. Em tal acontecendo, é só orientar a mediunidade, instruir o médium, se ele desconhecer os princípios legados pela Doutrina Espírita; tratá-lo, se estiver doente, e deixá-lo praticar o bem com o dom recebido da natureza.

Todos esses exemplos, que diariamente se apresentam em nossos caminhos, pois conhecemos pessoas de outros credos religiosos que também curam com a imposição das mãos, são lições que devemos acatar. Indicam que esses são os médiuns mais seguros porque espontâneos, cuja faculdade floresceu em tempo preciso, sem necessidade dos longos períodos, incômodos e muitas vezes contraproducentes, das provocações do desenvolvimento.

Ora, frequentemente somos solicitados por candidatos ao exercício da mediunidade para esclarecimento sobre a sua própria situação de pretendentes ao intercâmbio com o Invisível. Sentem-se confusos, inquietos, vacilantes, sem nada obterem de positivo depois de um, dois e mais anos de esforços para o desenvolvimento, fato por si só bastante para indicar os pouquíssimos recursos mediúnicos do candidato, que entretanto é sincero e bem assistido pelo seu Espírito familiar, não se deixando enlear pela autossugestão. Que esforços, porém, faz ele? Apenas a presença à mesa de sessões, a insistência aflitiva para que possa escrever mensagens, coisas belas, ou fazer oratórias que satisfaçam. Muitas vezes, senão de modo geral, o desenvolvimento advém não propriamente da faculdade mediúnica, mas da própria mente do médium, que assim se estimula, e então se dá o menos desejado: a subconsciência do médium a agir por si mesma, excitada pelo esforço e pela vontade, como sendo um agente desencarnado; sua mente a externar-se em comunicações apócrifas, que só servem para empanar a verdadeira faculdade e empalidecer o brilho desse dom sublime outorgado por Deus ao homem.

Muitos dos que insistem no desenvolvimento mediúnico asseveram que determinado Espírito lhes afiançou que são médiuns dessa ou daquela especialidade: psicógrafos, de incorporação, de vidência, etc. No entanto, os mestres da Doutrina Espírita, com Allan Kardec e Léon Denis à frente, e os instrutores espirituais que merecem fé (porque há os pseudomentores espirituais) desde sempre observaram que "não há nenhum indício pelo qual se reconheça a existência da faculdade mediúnica. Só a experiência pode revelá-la". Mesmo que tal faculdade seja de psicografia, de incorporação ou outra qualquer.

Poderemos, certamente, experimentar as nossas potencialidades. Mas, a prática tem demonstrado que a experiência não deverá ultrapassar de alguns poucos meses, caso nada se obtenha nesse período, justamente para que a faculdade eventual seja protegida contra a invasão de fenômenos outros, também psíquicos, mas não mediúnicos; fenômenos que o linguajar moderno trata de *parapsicológicos*, e aos quais nós outros até agora temos denominado de animismo, personismo, autossugestão, etc.

O imoderado desejo de ser médium vai às vezes ao ponto de se *exercitar a vidência*. Ora, a vidência é a faculdade melindrosa por excelência, que não poderá suportar tal tratamento sem sofrer sérios distúrbios. De modo algum pode ser provocada, a menos que se deseje *tomar gatos por lebres*, isto é, sugestionar-se de que está vendo alguma coisa, elaborando então os chamados *clichês mentais*, a *ideoplastia* (ideia plasmada na mente pela vontade). É bom não esquecer que o pensamento é criador, constrói, realiza, mesmo que não concretize materialmente aquilo que mentaliza (ver o cap. VIII de *O livro dos médiuns*).

A respeito desses espinhos que às vezes laceram os que tentam a mediunidade, fez o sábio analista Ernesto Bozzano preciosas observações em seu elucidador livro *Pensamento e vontade*; Léon Denis, o continuador de Kardec, em seu compêndio *No invisível*, brinda-nos com esclarecimentos substanciosos, enquanto Allan Kardec, além das lições gerais, diz o seguinte sobre a vidência, no capítulo XIV, n° 171, de *O livro dos médiuns*:

A faculdade de ver os Espíritos pode, sem dúvida, desenvolver-se, mas é uma das que convém esperar o desenvolvimento natural, sem o provocar, em não se querendo ser joguete da própria imaginação. Quando o gérmen de uma faculdade existe, ela se manifesta de si mesma. Em princípio, devemos contentar-nos com as que Deus nos outorgou, sem procurarmos o impossível, por isso que, pretendendo ter muito, corremos o risco de perder o que possuímos.

Quando dissemos serem frequentes os casos de aparições espontâneas (nº 107), não quisemos dizer que são muito comuns. Quanto aos médiuns videntes, propriamente ditos, ainda são mais raros e há muito que desconfiar dos que se inculcam possuidores dessa faculdade. É prudente não se lhes dar crédito, senão diante de provas positivas.

Da advertência do mestre insigne deduzimos, portanto, que é absurdo (e a experiência vem demonstrando que assim é) fazer exercícios visando ao desenvolvimento da vidência, bem como entregar-se a *professores da vidência*. A vidência é manifestação espírita como qualquer outra e, portanto, os seus registros devem ser examinados por pessoas competentes e experientes, que os passarão pelo crivo da razão e do bom senso, a fim de serem aceitos.

Pouco sabemos ainda sobre a mediunidade. Intensamente, porém, sentimos e presenciamos os seus efeitos. Achamo-nos ainda nas preliminares da questão, não obstante datar a mediunidade de todos os tempos, o que revela ser ela um dom outorgado por Deus. Mas, o que dela se sabe, apesar da ignorância em que nos encontramos a seu respeito, já cabe em vários volumes, como realmente vem cabendo, pois diversos livros existem sobre o magno assunto.

Uma das mais importantes faces da mediunidade, e que não podemos ignorar, porque o Alto disso nos esclarece e a observação confirma, é que a prática da Caridade e do Amor para com o próximo não somente é indispensável ao bom desenvolvimento da faculdade, mas também

Os espinhos da mediunidade

garantia poderosa ao seu exercício feliz. Não, certamente, a prática de uma caridade de fachada, interesseira, mas sim inspirada no verdadeiro sentimento do coração. Desse modo, o candidato a intérprete do mundo espiritual deve iniciar o seu compromisso não só pela frequência às sessões mediúnicas, pela prática do Bem, pelo auxílio ao sofredor, além do estudo consciencioso e do empenho em prol da reforma moral gradativa de si mesmo. Assim agindo, no momento em que advenham os sinais indicadores de que realmente possui faculdades a desenvolver, estas se apresentarão suavemente, sem choques, por se acharem protegidas pelas faixas vibratórias da Caridade.

E será bom repisar: convém não precipitar o desenvolvimento mediúnico. O seu progresso é lento; a mediunidade, ao que tudo indica, desdobra-se, indefinidamente, e um médium nunca estará completamente desenvolvido, mormente nos dias penosos da atualidade, quando mil problemas se entrechocam ao seu derredor. Quanto mais a cultivarmos, com submissão às Leis divinas, mais ela se ampliará, crescerá no rumo dos conhecimentos espirituais. Não existem, pois, *médiuns extraordinários*, não existem eleitos na mediunidade. Por conseguinte, não nos devemos fanatizar pela mediunidade, endeusando os médiuns como se fossem homens e mulheres à parte na escala humana. Eles são apenas instrumentos, ora bons, ora maus, das forças invisíveis do Além, consoante o modo pelo qual dirijam os próprios atos cotidianos. E deixarão de ser médiuns se os Espíritos não mais puderem ou quiserem se servir deles.

Convém, pois, que os candidatos ao mediunato meditem bastante ao se aprestarem para o papel que representarão na seara de Jesus, o Mestre por excelência. A mediunidade é, certamente, um dom, entre os muitos que Deus concede às almas criadas à sua imagem e semelhança. E a um dom de Deus devemos, necessariamente, amar, respeitar e cultivar com sensatez e prudência.

Necessidade de Sublimação

Um estudioso da Doutrina Espírita, muito interessado em praticar o melhor possível os seus ensinamentos, escreveu-nos fazendo as seguintes perguntas:

— Qualquer pessoa pode sentar-se à mesa para desenvolver a mediunidade?

— É lícito aos médiuns fazerem experiências psicográficas sozinhos, em sua residência? Pois, no núcleo espírita por mim frequentado, há essa recomendação aos iniciantes, a fim de apressar o desenvolvimento mediúnico.

Sem o saber, esse amigo propôs um tema relevante, cuja explanação poderia caber em muitas páginas. Sente-se, pelo teor das perguntas, que o missivista instintivamente repele o que presencia em seu núcleo de experimentações mediúnicas, onde, sem mais nem menos, há quem participe dos trabalhos no desejo de ser médium. Procuraremos satisfazer as interrogações o mais sucintamente possível, valendo-nos dos códigos doutrinários.

Certamente, todos têm o mesmo direito perante Deus, e se foi dito que a mediunidade existe em gérmen na humanidade, em princípio qualquer um poderá sentar-se a uma mesa de sessão, a fim de experimentar as próprias faculdades. Não obstante, convém meditar profundamente antes de se tomar tal resolução. A prática da mediunidade é um compromisso sério assumido com a Lei de Deus e a própria consciência, e por isso jamais alguém deverá desenvolver a sua faculdade mediúnica sem antes conhecer as regras necessárias ao bom êxito da iniciativa.

Não devemos esquecer que o médium irá franquear o seu ser psíquico: a sua mente e as suas vibrações, e até mesmo o seu corpo físico às forças ocultas da natureza e que, desconhecendo o melindroso terreno em que se movimentará, correrá o risco de se prejudicar e ainda abalar a própria reputação da Doutrina Espírita. Daí a prudência e a vigilância aconselharem o candidato a fazer uma iniciação doutrinária prévia: conhecer as leis que regem o exercício da faculdade mediúnica e a sua finalidade; avaliar a delicadeza do compromisso que assume, as responsabilidades que as atividades que virá a exercer acarretarão e até mesmo os perigos que correrá, exposto às investidas dos Espíritos desencarnados menos bons ou sofredores.

Além do mais, para que a mediunidade apresente bons frutos, servindo aos fins traçados pelas Leis divinas, será necessário que o candidato a esse delicado posto adote a moral exposta nos Evangelhos. De acordo com os ensinamentos cristãos, deverá ele procurar corrigir em si mesmo os pendores inferiores que ainda possua, renovando-se moral, mental e espiritualmente, a fim de conseguir o equilíbrio necessário para se mostrar ao mundo como espírita cônscio das próprias responsabilidades e, acima de tudo, para atrair e merecer a proteção dos bons Espíritos e fortificar-se contra as investidas dos Espíritos perturbadores.

Entretanto, é certo que sem tais precauções haverá médiuns, também. O próprio Allan Kardec, em *O livro dos médiuns*, declara não haver necessidade de iniciação para que alguém experimente as próprias faculdades. Trata-se de um dom da natureza, ou dom de Deus, e por isso operará, mesmo desacompanhado de virtudes, tal como os cinco sentidos da espécie humana, os quais não são apanágio apenas dos virtuosos. Kardec referiu-se, todavia, ao dom em si mesmo, para

Necessidade de sublimação

posteriormente, realçar o valor da reforma pessoal como garantia dos bons frutos da prática mediúnica. No entanto, a observação, o trato com a mediunidade e, principalmente, a orientação provinda do Alto, através da própria faculdade, aconselham tal iniciação, de preferência nos casos em que a explosão da faculdade não se apresenta naturalmente. Se esta, porém, ocorrer, a iniciação se fará a pouco e pouco, a par da própria ação mediúnica, como geralmente acontece.

Os frutos obtidos pela mediunidade educada, disciplinada e bem orientada, serão sempre opimos, consoladores, úteis à humanidade terrena como à espiritual, seja qual for o tipo da faculdade exercida, ao passo que os da mediunidade leviana, imprudentemente praticada, onde a vaidade, a curiosidade, a negligência e a inconstância imperem a par da irresponsabilidade, serão sempre amargos e contraproducentes até para o próprio médium, acarretando consequências funestas, as mais das vezes já nesta vida e, certamente, também no além-túmulo. Quem sabe, até em existências futuras? Há, pois, inegáveis vantagens morais-espirituais na iniciação doutrinária antes que alguém se lance em busca do seu desenvolvimento mediúnico, com vistas a sublimar o seu precioso dom, pondo-se a serviço de Deus e do próximo já que, do contrário, a mediunidade não preencherá os verdadeiros fins para que Deus a criou.

Em que consistirá, porém, essa sublimação?

Na prática do bem, através das próprias faculdades mediúnicas.

A tarefa de um médium, que poderá ser elevada ao grau de missão se ele souber conduzir-se como homem e como medianeiro, é o auxílio ao próximo, encarnado ou desencarnado, é fazer de sua faculdade fácil instrumento para os Espíritos se revelarem, instruindo os homens (os próprios obsessores e os suicidas instruem e muito lhes devemos, pois com eles aprendemos algo sobre obsessões e as consequências do suicídio), estabelecendo o intercâmbio educativo do Alto para a Terra e assim colaborando para conduzir a humanidade à compreensão e ao cultivo da Verdade.

Não será, porém, apenas escrevendo belas páginas que o médium poderá aprimorar-se. A cura da obsessão, que recupera duas almas antagônicas, ou mais de duas, devolvendo-as ao caminho do Bem e da Justiça, é tão venerável, ou ainda mais, quanto o livro que reeduca o coração, fornecendo-lhe equilíbrio para a conquista do progresso, visto que através dos Evangelhos e da Codificação realizada por Allan Kardec o mesmo equilíbrio também poderá ser adquirido. Desde a prece humilde, elevada a Deus com amor, até ao mais retumbante fenômeno realizado pelos Espíritos, por seu intermédio, poderá o médium atingir a sublimação da própria faculdade, se bem compreender a responsabilidade assumida.

Prestar auxílio a um obsessor, a um suicida, contribuindo para sua reeducação moral-espiritual; interessar-se amorosamente pelos sofredores do Espaço, aconselhando-os mentalmente através da prece, da leitura doutrinária, abrindo o coração para protegê-los com as forças do amor; socorrer os sofredores encarnados, transformando-se no Bom Samaritano da parábola messiânica; orientar a criança, o jovem, o desanimado, o descrente, o desesperado, com a luz da esperança que o Alto sobre ele derrama prodigamente; instruir os sedentos de compreensão, de justiça e de verdade com as alvíssaras que o Céu lhe concede; socorrer, à medida das próprias forças, os pobres que nada possuem e de tudo necessitam; distribuir os eflúvios restauradores através de um passe e assim reanimar o enfermo do corpo ou da alma; aliviar o angustiado e consolar o triste; orar pelos amigos, pelos adversários, pelos seres amados, pela humanidade, enfim; desdobrar-se em amor e caridade pelos semelhantes, é tudo sublimação para o médium... Desde que assim proceda com humildade e sinceridade. Para suavizar-lhe a tarefa, que não é fácil, deu-lhe Jesus a sua Doutrina, exemplificou-a e mandou que seus seguidores a ensinassem a posteridade. Assim, é viver mais em Jesus Cristo do que em si próprio. E por não ser fácil tal realização, será necessário iniciá-la desde cedo. A mediunidade assim entendida é fonte de alegrias espirituais, morais e até materiais, pois que desperta a sensibilidade para o gozo de tudo quanto é belo e bom dentro da obra da Criação, é consolo e progresso, realidade e grandeza para aquele que a possui e para os que o cercam.

Necessidade de sublimação

Que, pois, medite um pouco aquele que desejar desenvolver a própria faculdade, antes de se sentar à mesa dos trabalhos mediúnicos e de franquear as comportas do seu dom às forças ocultas da natureza. Quanto à segunda pergunta, o bom senso está a indicar que não deve ser assim. A inexperiência de um principiante, as condições, muitas vezes precárias, de um ambiente doméstico são fatores prejudiciais, que podem levar a amargas consequências as experiências mediúnicas isoladas. Em verdade, alguns médiuns assim têm procedido com bons êxitos, mas depois de se identificarem com os ensinamentos e advertências da Doutrina Espírita e certos de que possuem assistência espiritual autêntica. Mas, há também obsessões renitentes assim adquiridas, as quais somente servem para deprimir o médium e desacreditar a mediunidade perante o público. O adepto prudente não se atirará a experiências isoladas, pois sabe que estará desafiando forças da Criação ainda mal conhecidas. A discrição, o método, a disciplina, o respeito, por assim dizer religioso, são mais aconselháveis. De outro modo, o acertado é a reunião de corações afins para a experimentação dos fenômenos, quaisquer que sejam, fazendo-se acompanhar do amor, da humildade e do silêncio, e escudados na súplica e na assistência do Alto. Médiuns já bastante experientes, com tarefas definidas, psicografam em suas residências, desacompanhados, só assistidos por seus guias espirituais. Mas o iniciante devera deter-se, preparando-se antes ao lado dos companheiros de ideal, para as lutas do difícil, mas glorioso intercâmbio entre o Mundo dos Espíritos e a Terra.

Os segredos do túmulo

Temos recebido cartas de aprendizes da Doutrina Espírita tratando de um ponto doutrinário dos mais melindrosos, que alarma o leitor iniciante quando não bem esclarecido. É de notar, porém, que, com tantos livros excelentes, existentes na bibliografia espírita, como os livros assinados por um Allan Kardec, um Léon Denis, um Ernesto Bozzano, um Gabriel Delanne, um Conan Doyle, um Alexandre Aksakof e tantos outros de idêntico renome, há quem se embrenhe em dúvidas incomodativas sobre pontos que, comumente, acarretam erros de interpretação que o impedem de distinguir o verdadeiro do falso. Está-nos a parecer, pois, que determinados leitores desprezam o verdadeiro estudo doutrinário, preferindo aceitar o Espiritismo por ouvirem dele falar. Depreende-se, então, que as obras de base, dos variados autores citados, nunca foram consultadas, ou o foram superficialmente, o que é lamentável e quiçá prejudicial ao prestígio da própria Doutrina. O certo é que têm chegado às nossas mãos consultas em que leitores fazem as seguintes perguntas: "Um Espírito que foi abnegado quando encarnado, que praticou o bem e o amor ao próximo e viveu para a caridade, ao desencarnar poderá sofrer o fenômeno da retenção no cadáver, supondo-se sob a terra junto dele, sentindo-se devorar pelos vermes que roem o corpo a decompor-se? É isso possível? Para que se há de, então, ser bom e abnegado neste mundo, se a desencarnação se processa idêntica a dos grandes criminosos? Não valerá mais a pena gozar-se a vida do melhor modo possível, do que sacrificar-se, uma vez que nem a abnegação livrará dos tormentos, na vida invisível?".

Lembraremos aos prezados missivistas justamente o que os códigos responsáveis pela Doutrina autêntica esclarecem a respeito e também o que o senso e as sessões sérias, legítimas, de Espiritismo prático mostram à observação. Jesus definiu o nosso destino em geral com a irreversível sentença: "A cada um será dado segundo as próprias obras". Em mais de uma passagem evangélica, somos informados do que nos aguarda na existência de além-túmulo, em consonância com o nosso gênero de vida neste mundo, e Allan Kardec, o mestre escolhido pelo Alto para instrutor terreno da Nova Revelação, dá os seguintes esclarecimentos em *O livro dos espíritos*, além de outros pormenores dignos de serem relembrados (cap. 3, q. 149 a 165):

> A observação demonstra que, no instante da morte, o desprendimento do perispírito não se completa subitamente; que, ao contrário, se opera gradualmente e com uma lentidão muito variável conforme os indivíduos. Em uns é bastante rápido, podendo dizer-se que o momento da morte é mais ou menos o da libertação. Em outros, naqueles, sobretudo cuja vida foi toda material e sensual, o desprendimento é muito menos rápido, durando algumas vezes dias, semanas e até meses, o que não implica existir, no corpo, a menor vitalidade, nem a possibilidade de volver à vida, mas uma simples afinidade com o Espírito, afinidade que guarda sempre proporção com a preponderância que, durante a vida, o Espírito deu à matéria. É, com efeito, racional conceber-se que, quanto mais o Espírito se haja identificado com a matéria, tanto mais penoso lhe seja separar-se dela; ao passo que a atividade intelectual e moral, a elevação dos pensamentos operam um começo de desprendimento, mesmo durante a vida do corpo, de modo que, em chegando a morte, ele é quase instantâneo. Tal o resultado dos estudos feitos em todos os indivíduos que se têm podido observar por ocasião da morte. Essas observações ainda provam que a afinidade, persistente entre a alma e o corpo, em certos indivíduos, é, às vezes, muito penosa, porquanto o Espírito pode experimentar o horror da

decomposição. Este caso, porém, é excepcional e peculiar a certos gêneros de vida e a certos gêneros de morte. Verifica-se com alguns suicidas (155).

Muito variável é o tempo que dura a perturbação que se segue à morte. Pode ser de algumas horas, como também de muitos meses e até de muitos anos. Aqueles que, desde quando ainda viviam na Terra, se identificaram com o estado futuro que os aguardava, são os em quem menos longa ela é, porque esses compreendem imediatamente a posição em que se encontram.

A perturbação que se segue à morte nada tem de penosa para o homem de bem, que se conserva calmo, semelhante em tudo a quem acompanha as fases de um tranquilo despertar. Para aquele cuja consciência ainda não está pura, a perturbação é cheia de ansiedade e de angústias, que aumentam à proporção que ele da sua situação se compenetra (165).

Compreende-se, pois, que o indivíduo de vida normal (não precisa nem mesmo ser abnegado) tem o despertar mais ou menos tranquilo na vida espiritual; que somente os criminosos, os sensuais, que viverem da matéria e para a matéria, certos tipos de suicidas e vítimas de outras mortes violentas passam pelos penosos fenômenos acima citados. Salvo exceções que somente o conhecimento minucioso do processo pode explicá-las. Por sua vez, o genial analista Ernesto Bozzano, em suas preciosas monografias *A crise da morte* e *Fenômenos psíquicos no momento da morte*, esclarece de modo insofismável o assunto, dando-nos a compreender que o despertar do indivíduo de caráter normal, em além-túmulo, é tranquilo, e até feliz, e que, portanto, o *abnegado*, sendo superior ao normal, certamente melhor ainda terá o seu despertar... a menos que se trate de um refinado hipócrita que enganou o mundo e pretendeu enganar também a Deus.

Além do mais, o que presenciamos nas sessões práticas de Espiritismo, quando bem organizadas, outra coisa não nos dá a compreender senão o seguinte: em princípio, só os maus, os devassos, os suicidas sofrem penosas situações após a morte. Os normais, os bons, os virtuosos despertam tranquilamente, felizes, "antegozando as delícias da vida espiritual". Um

Espírito que neste mundo viveu para o bem do próximo, que foi ao sacrifício da abnegação, muito provavelmente não experimentará os *horrores da decomposição* do próprio cadáver, pois já era, com certeza, desprendido das coisas terrenas antes da desencarnação, já vibrava em harmonia com a Lei de Deus e, portanto, praticava o intercâmbio mental com os bons Espíritos. A não ser que, malgrado toda essa conquista, guarde ainda afinidades muito fortes com o corpo somático ou com deleites materiais que cercam a existência no planeta terreno, como acentuou Kardec. Não se pode esquecer jamais que, em Espiritismo, não há regras. Cada caso é um caso diferente.

Será, pois, de utilidade para todos, constante consulta às obras de base, maior observação nos ensinamentos superiores dos Espíritos, mais atenção ao que se passa nas sessões chamadas *de caridade*, pois tudo isso é necessário ao esclarecimento doutrinário.

Convite ao estudo

Há algum tempo, em visita a um núcleo de iniciantes da Doutrina Espírita, testemunhamos lamentável engano de interpretação doutrinária. Sempre entendemos que uma tribuna espírita, ou mesmo simples reunião para exame ou debate de temas evangélico-espíritas não podem ser franqueadas a pessoas desconhecedoras do assunto a tratar, ou aqueles que têm preferência por veicular ideias pessoais. Já várias vezes temos destacado com base nos próprios ensinamentos da filosofia espírita, que opiniões pessoais absolutamente não servem à Doutrina que todos desejamos seguir. O Espiritismo é revelação transcendente, ciência Celeste que nos convida a renovar nossos cabedais morais e intelectuais, a cultivar o bom-senso, meditar profundamente, para reconhecer que essa filosofia, pelo Alto revelada, traz em seu bojo sutilezas que convém serem conhecidas antes que venhamos a apresentar-nos como expositores dos seus princípios.

Frequentemente, no entanto, assistimos a oratórias ditas evangélicas ou espíritas que mais comprometem a causa que se pretende divulgar. Temos tido notícias também de pessoas que se confundem e decepcionam diante de tais oratórias, pessoas que a elas acorrem a fim de se elucidarem, edificando-se na fé que julgam salvadora. Esse mal toma proporções mais graves quando os ouvintes são aprendizes jovens que procuram elucidação doutrinária com o fito de se orientarem seguramente para a vida, pois uma orientação falsa, baseada em sofismas ou opiniões pessoais, quer dos pontos evangélicos ou da filosofia espírita, pode até mesmo afastar da boa rota corações que anseiam pelos ensinamentos da Verdade.

O caso em pauta foi que certo adepto do Espiritismo, discorrendo sobre a crucificação de Jesus, disse a um grupo de jovens iniciantes que a morte do Mestre assim se deu devido à necessidade de um *resgate*; que Jesus *devia* à Lei de Deus aquela situação, pois que era a reencarnação de Moisés e este, no seu tempo, procedera de molde a ter de expiar o próprio passado nos braços do martírio. Não fora a presença de espírito de um participante da reunião, que corajosamente protestou, e o absurdo seria consagrado como lição a um grupo de iniciantes da filosofia espírita. Diante disso, concluímos que faltou ao expositor o mais comezinho conhecimento evangélico-espírita, ao passo que sobraram os sofismas sobre a lei da reencarnação. Todos os ensinamentos doutrinários que temos colhido desautorizam a declarar que Jesus tivesse tido encarnações anteriores e ainda menos que tivesse agido de forma a sofrer a *expiação* do suplício na cruz.

O adiantamento espiritual de Jesus perde-se na noite dos tempos, segundo reza a revelação espírita autêntica, racional, além do que afirma o Evangelho. Aquele sacrifício ele o fez voluntariamente, com obediência a uma necessidade prevista pelos planos divinos, para o bem dos destinos do planeta. Vindo à Terra, Jesus sabia que enfrentaria terríveis sacrifícios, o martírio na cruz inclusive; mas não vacilou, deu a própria vida espontaneamente, e isso mesmo ele afirmou diante de uma assembleia a que indivíduos comuns também estavam presentes: "O Pai me ama, porque dou a minha vida para a retomar. Ninguém a tira de mim, mas eu a dou de mim mesmo e tenho o poder de a dar, como tenho o poder de a reassumir. Tal é a ordem que recebi de meu Pai" (JOÃO, 10:17 e 18).

Pode-se mesmo dizer que os capítulos 10, 14, 15, 16 e 17 de João apresentam a individualidade de Jesus de tal maneira que, a aceitar o Evangelho, já não poderemos crer que ele fosse diferente. De outra forma, o alvo da vinda de Jesus a este mundo não foi, certamente, o sacrifício na cruz, mas a doutrina que ele trazia do Alto para doar aos homens, doutrina que ele repetia não ser sua e sim do Pai, que o enviou.

O que redime a nossa personalidade não é, certamente, o fato de Jesus haver "expiado os nossos pecados no martírio da cruz", porquanto ele próprio afirmou que "a cada um seria dado segundo as suas obras", mas a aceitação e consequente prática da doutrina por ele exposta e praticada. O sacrifício na cruz decorreu, é certo, da maldade e da ignorância dos homens, que não compreenderam Jesus, mas jamais da necessidade de ele sofrê-lo para se libertar de pecados anteriormente cometidos.

Nos primeiros versículos do capítulo 1 de *João* vemos ainda que, quando se iniciou a criação da Terra, Jesus Cristo já era unificado com o Pai: "Ele estava, no princípio, com Deus. Todas as coisas foram feitas por ele; nada do que foi feito, foi feito sem ele. Nele estava a vida, e a vida era a luz dos homens. E a luz resplandeceu nas trevas, mas as trevas não a compreenderam".

E, de fato, as trevas não compreenderam a vida e a luz que havia nele para nos serem transmitidas, pois, dois milênios após a sua passagem pela Terra ainda o confundem com João Batista. Sim, porque João Batista, segundo as palavras do próprio Mestre e a apreciação da Doutrina dos Espíritos, é que foi a reencarnação do profeta Elias. Quando encarnado na pessoa de Elias, este mandara decapitar setenta sacerdotes do terrível deus Baal, a fim de garantir a ideia da existência do Deus Único e Verdadeiro.

Um compromisso grave, portanto, perante a Lei de Deus, passível de punição, embora objetivasse a estabilização da ideia do verdadeiro Deus. Oitocentos anos depois, Elias reencarna na pessoa de João Batista e é decapitado durante um festim real de Herodes Ântipas. É um ensinamento lógico, racional, mesmo belo, de fácil aceitação, que encontramos claramente exposto no Evangelho. A cena no Monte Tabor, em que vemos a materialização de Moisés e Elias, ao lado do próprio Jesus e dos seus apóstolos Pedro, Tiago e João, é mais um desmentido categórico dessa estranha afirmativa de que Jesus e Moisés fossem o mesmo.

O estudo fiel e dedicado dos Evangelhos, portanto, e também da Doutrina dos Espíritos, é indispensável àquele que deseje prestar sua colaboração. Não se aprendem tais noções em um ou dois anos, ou apenas através de intuições ou, ainda, por ouvir falar a seu respeito. São aquisições difíceis, que requerem perseverança e muito amor, humildade e raciocínio isento de personalismo e conveniências. Há, sim, sutilezas importantes, detalhes significativos, dos quais somente após algum tempo de dedicação nos poderemos apossar. Teremos que nos renovar para a Doutrina: aprimorar a nossa moral, educar a mente e o coração, objetivando o Bem; examiná-la, analisá-la e aceitá-la ou rejeitá-la, mas jamais deturpá-la com as nossas opiniões pessoais, sempre prejudicadas.

Convém, pois, que alijemos as ideias particulares, os preconceitos, os sofismas que nos possam levar a interpretações inverídicas diante de corações sequiosos de conhecimentos espirituais, dado que o compromisso de levar a palavra da Verdade ao público é grave e poderemos passar pelo desgosto de, um dia, reconhecermos que deturpamos os ensinamentos que do Alto recebemos para a nossa própria edificação, para edificação do próximo e para maior glória de Deus.

Um estranho caso de obsessão

De um jovem que se assinou J. S. P., em carta que nos escreveu, recebemos a seguinte interrogação:

Será condenável um homem se tornar noivo de uma jovem, marcar a data do casamento e depois verificar que é a outra que ama, e, por isso, desejar romper o compromisso com a primeira? Este é o meu problema. Que devo fazer? Sinto que ambas gostam de mim, embora de minha parte já exista uma definição.

***

Isso me faz lembrar o episódio ocorrido com Jesus, citado pelo evangelista Lucas, no capítulo 12, v. 13 e 14: "Então, no meio da turba, um homem lhe disse: 'Mestre, dize a meu irmão que divida comigo a herança que nos tocou'. Ao que Jesus respondeu: 'Ó homem! Quem me designou para vos julgar, ou para fazer as vossas partilhas?'".

Não acreditamos que esse gentil correspondente esteja dizendo a verdade. Deve tratar-se apenas de uma curiosidade, uma investigação que ele faz, a fim de obter resposta, à luz do critério doutrinário, para casos a que, infelizmente, tantas vezes assistimos em nossa vida de relação. Não nos sentimos, aliás, no direito de opinar sobre ocorrência tão melindrosa, na hipótese de se tratar de uma realidade que o amigo J. S. P. viva no momento. Não obstante, o bom senso indica que o fato de jogar com os sentimentos do nosso próximo é grave e pode resultar em consequências muito desagradáveis, mesmo dramáticas. Muitas vezes, a leviandade praticada por alguém, em casos de amor, pode refletir-se em além-túmulo e arrastar a uma obsessão aquele que feriu um coração com a traição ou o desprezo. A lei de caridade manda-nos respeitar o coração amigo que se nos devota e procurar não iludi-lo com falsas promessas ou atitudes levianas. Uma solicitação de casamento deve ser refletida, amadurecida, antes de realizada, observando o pretendente se, com efeito, o seu sentimento de amor é sincero, é fiel para enfrentar um compromisso de tal responsabilidade. Porque tal compromisso não é apenas social, mas também moral, e o homem de bem deve honrá-lo, consultando a si próprio antes de tomar a resolução. Este vale dizer é um problema exclusivamente de consciência, o qual, por isso mesmo, não foge às necessárias buscas de inspiração na prece sincera e vibrada. Uma ingratidão, uma traição de qualquer natureza, assim como a hipocrisia diante de um coração que ama, é erro que poderá reverter sobre quem o pratica, senão de momento, mais tarde, e, mesmo, em futuro remoto. Responderemos, no entanto, narrando um fato típico de traição de amor, por nós assistido há cerca de quarenta anos, fato real e não fantasia de romance, que se passou em certa pequena cidade do Estado do Rio de Janeiro, a qual era por nós visitada periodicamente. E o nosso correspondente, se, realmente, estiver envolvido pela própria leviandade, compreenderá que necessita de muita cautela no modo de agir, recorrendo ao Evangelho, a fim de orientar-se.

***

O jovem Sr. A. G. tornara-se noivo de uma jovem de excelentes qualidades morais, muito delicada de sentimentos e leal aos afetos íntimos, mas de condições sociais muito modestas. Era uma boa filha para sua mãe, a qual, por sua vez, era viúva e adorava a filha única entre ternura infinita. Chamava-se Elisa a jovem noiva, e, sua mãe, Madalena. O noivado corria normalmente, e o casamento fora marcado para seis meses depois. Elisa entregava-se ao seu amor com todas as forças da alma, coração repleto de esperanças e confiança no futuro. O noivo, por sua vez, mostrava-se dedicado e atencioso. Não passava um único dia sem visitar a noiva, e o idílio fazia crer à nossa Madalena que a filha seria felicíssima no casamento.

Um dia, no entanto, o Sr. A. G., que era comerciante e lutava a fim de prosperar, necessitou viajar a uma cidade próxima — a cidade de A. R. —, lá passando três dias. Em um baile, a que fora convidado por um colega de comércio, conheceu uma jovem por nome Terezinha. Dançou prazerosamente com ela, reconheceu-a educada, alegre, amável, elegante, muito sociável, e enamorou-se. Voltando à sua cidade natal, meditou em que Elisa era bem inferior a Terezinha, pois não frequentava a sociedade, vestia-se modestamente, e nem possuía aquela irradiante personalidade da outra. Elisa notou-o silencioso e triste, falando o mínimo, demorando-se menos em suas visitas, mas de nada desconfiou, porque seu coração era puro e não podia acalentar suspeitas contra aquele que lhe merecia toda a confiança. Na semana seguinte, A. G. voltou à cidade de A. R., e Terezinha pareceu-lhe mais sedutora do que no primeiro dia. Prosseguiu o namoro, com a moça a corresponder-lhe ternamente, com imensa alegria. Finalmente, passou a viajar para a velha cidade de A. R. todos os sábados, pretextando negócios, e lá ficava também aos domingos, deixando a casa comercial ao cuidado do sócio. Mas, não confessava a Terezinha que era comprometido em sua cidade natal nem rompia o noivado com Elisa. Faltava-lhe coragem para esclarecer a ambas a própria situação.

Chegara, no entanto, a época indicada para o consórcio com Elisa. Mas A. G. desculpou-se; e pedira mais dois meses de espera. Os negócios não iam bem... enquanto continuavam as visitas à cidade vizinha, e Elisa, fiel e confiante, e sua mãe continuavam preparando o modesto enxoval. Até que, de uma das visitas a A. R., o jovem Sr. A. G. voltou casado com a graciosa Terezinha, sem jamais haver desfeito o noivado com Elisa.

Numa cidade pequena como aquela, tais acontecimentos, há quarenta ou cinquenta anos passados, repercutiam como raios que explodissem entre a população. Elisa soubera do fato logo após o desembarque do casal, que vinha ali mesmo residir. Mas não pôde, não quis acreditar no que amigos lhe vieram informar. Mas investigando, logo se inteirou da realidade, e adoeceu. Adoeceu de paixão, de surpresa, de choque nervoso, de humilhação, de desespero, de decepção, de desilusão, de vergonha, de traumatismo moral. Adveio embolia cerebral e, um mês depois, Elisa morria nos braços de sua inconsolável mãe. Nesse dia, houve revolta entre as pessoas afeiçoadas a Elisa e sua mãe, e Terezinha foi por elas informada do procedimento desleal do homem que a desposara. Confessou ela, então, ignorar o compromisso de A. G. com alguém daquela cidade, e não se sentir culpada pelo passamento da jovem. Discutiu calorosamente com o marido nesse dia. Mas tudo passou logo depois, e não mais tocaram no assunto. À hora em que, porém, saía o féretro de Elisa, sua mãe, desolada, em desespero, exclamou — e suas palavras repercutiram tão tragicamente pelo ambiente mortuário da sua pobre sala de visitas que as pessoas presentes estremeceram de impressão e pavor:

— Minha filha, vai em paz para junto de Deus, porque eras um anjo que mereceu o Céu! E fica descansada, porque o miserável que causou a tua morte há de me pagar! Ele não será feliz, porque eu não o deixarei ser feliz!

E, três meses depois, Madalena, sempre inconsolável, inconformada, morria também. A pobre mulher era cardíaca e não resistiu à dor de perder a filha naquelas circunstâncias.

***

Cerca de três ou quatro meses após o passamento de Madalena, Terezinha começou a beber e embriagar-se. Das primeiras vezes em que o fato se verificou, o marido repreendeu-a energicamente. Houve discussões graves, cenas lamentáveis. A. G. acusava-a de ter o vício desde o tempo de solteira, e encobri-lo hipocritamente; que aquela alegria permanente dos seus modos, aquela vivacidade que todos lhe conheciam, outra coisa não era senão reflexos do álcool ingerido às ocultas. Chorando, Terezinha afirmava que jamais bebera, que somente agora uma necessidade irresistível de beber levava-a a procurar, em qualquer parte, algo com que aplacar aquele terrível desejo que a prostrava. Os melhores médicos da cidade, e até facultativos de São Paulo e do Rio de Janeiro, trataram dela. O marido gastava o que certamente não possuía, a fim de libertá-la do nefando vício. Mas, era tudo em vão. Terezinha continuava a beber, e cada vez embrenhava-se no vício com mais ardor. Mas não era vinho, não era cerveja que a atraíam. Era a cachaça, a cachaça! O terrível veneno que os obsessores preferem para sugerir aos seus desafetos. Terezinha, dantes tão graciosa, agora se embebedava até sair à rua, na ausência do marido, e fazer tolices, e dizer inconveniências, até cair na calçada e entrar em coma alcoólico, como os ébrios comuns. A. G. passava pela vergonha de ser avisado, por qualquer transeunte, de que sua mulher se encontrava caída, completamente bêbeda, numa calçada ou numa esquina de rua.

Vieram quatro filhos desse malogrado matrimônio. E Terezinha não deixou de beber, e não atendia aos deveres para com os mesmos. Era preciso, então, que o marido se repartisse entre os próprios negócios e as atenções aos filhos, auxiliado por criadas. Os filhos cresciam verificando a desgraça em que caíra a própria mãe. A. G. arruinou-se como comerciante, sendo necessário submeter-se a um modesto emprego de administrador do cemitério local. E, finalmente, Terezinha já não usava a cachaça pura, mas temperada a cravo e a canela. No ano de 1940, as circunstâncias da vida levaram-me à dita cidade. Visitei o casal, pois os conhecia desde há muitos anos. Ela, então, convidou-me a uma conversa particular, já embriagada, e falou-me, debulhada em lágrimas:

— Sr. Frederico, sei que o senhor é espírita e conhece muitas coisas que os outros desconhecem... Pelo amor de Deus, liberte-me desse desejo de beber... é uma força indomável que me arrasta para a bebida! Eu não quero beber! Mas sou forçada a beber!

Nessa visita, contemplei, então, um casal desajustado, filhos infelizes, um homem vencido pela adversidade, uma mulher arruinada por uma desgraça inconcebível!

Regressando à minha terra, orei durante algum tempo, e, nas reuniões que fazíamos no nosso templo espírita, suplicávamos ao Alto socorro para ela. Mas Terezinha continuou a beber durante mais cinco anos, da mesma forma. Bebeu durante quatorze anos, sem um só dia de trégua!

Certo dia em que o Sr. A. G. se lamentava numa roda de amigos, um deles aconselhou:

— Por que você não leva sua esposa ao Centro Espírita Bittencourt Sampaio? O Sr. Z, seu diretor, é um grande médium, apóstolo do Bem, tem curado muita gente, de variadas doenças...

A. G. não era espírita, mas, impelido pelo desespero, levou a esposa ao Sr. Z, e explicou-lhe o que acontecia.

Reunidos os três em gabinete apropriado, o médium Z, que, de imediato, compreendeu o que se passava, orou e suplicou a Jesus a presença de um dos seus mensageiros a fim de socorrer a paciente. Apresentou-se, então, a sua vidência, o grande, o iluminado Espírito Bittencourt Sampaio, que lhe disse, através da intuição:

— Chama o teu médium... Trata-se de uma obsessão... e faremos o que o Senhor permitir.

Veio o médium — a própria esposa de Z — Este, incorporado pelo generoso protetor presente, espalmou uma das mãos sobre a cabeça de Terezinha e a outra sobre a médium. Qual uma faísca elétrica, o obsessor apresentou-se, incorporando-se na médium. Era Madalena, a mãe da pobre Elisa, noiva atraiçoada de A. G. Conversaram os dois, como de praxe em tais reuniões, sob a assistência de Bittencourt, sempre incorporado em Z. Madalena terminou por submeter-se, não ainda convertida, a perdoar, mas à irresistível autoridade de Bittencourt. Abandonou a presa, que subjugara durante quatorze anos! Terezinha ficou radicalmente curada da embriaguez em uma semana, pois fora necessário ainda fortificá-la através de passes, que Z lhe aplicava, ainda sob influência curativa de Bittencourt Sampaio.

Mas... Perguntará o leitor: Por que o Espírito Madalena não obsidiou antes A. G., que foi o traidor de Elisa, e não Terezinha, que ignorava o compromisso por ele mantido com aquela?

E nós ousamos confessar que não sabemos. É possível, porém, que a pobre Madalena, despeitada, odiando aquela que roubara o coração do prometido de sua filha, preferisse ferir Terezinha, para que a dor de A. G. fosse mais cruel. É possível que Terezinha, de algum modo, tivesse tendência para a bebida, sem mesmo saber; e, certamente, se esta foi, realmente, inocente da ação reprovável de A. G., devia, por alguma remota falta, à Lei de Deus e, por isso, teria mais possibilidade de dar passividade a um obsessor, por ser, com certeza, frágil, além de ser médium, assim expiando um erro do passado, enquanto o marido expiava o crime cometido no presente. Porque foi um crime o que ele praticara contra Elisa. Madalena, certamente, errou. Mas... "quem estiver sem pecado atire a primeira pedra" nessa pobre entidade que, sob o cuidado do grande e iluminado Bittencourt Sampaio, encontrou, sem sombra de dúvida, o verdadeiro caminho a seguir, a fim de redimir-se.

***

Caro Sr. J. S. P.: No capítulo 18 do evangelista Mateus, versículo 10, há esta advertência de Jesus, o Mestre da humanidade: "Vede, não desprezeis a qualquer destes pequeninos; porque eu vos declaro que os seus anjos, nos céus, incessantemente veem a face de meu Pai, que está nos céus", e essa advertência é muito significativa para todos nós, porque, muitas vezes, poderemos desprezar ou ferir verdadeiros anjos do Céu exilados na Terra...

Também os pequeninos...

Quis Deus que a nova revelação chegasse aos homens por mais rápido caminho e mais autêntico. Incumbiu, pois, os Espíritos de levá-la de um pólo a outro, manifestando-se por toda parte, sem conferir a ninguém o privilégio de lhes ouvir a palavra.

(Allan Kardec – Introdução de *O evangelho segundo o espiritismo*, 66ª ed. da FEB [especial], 1976)

É inegável que não foram só os Espíritos de alta classe espiritual que revelaram, e ainda revelam, a Doutrina do Consolador aos homens, pois ela ainda não está toda revelada. Também os pequeninos: sofredores, mistificadores, gaiatos, galhofeiros e até obsessores muito nos têm ajudado a compreender certos aspectos da Doutrina e os sucessos e peripécias do dinâmico mundo invisível. *O céu e o inferno*, de Allan Kardec, ainda relativamente pouco procurado pelos interessados nos estudos espíritas, é um importante livro de instrução sobre o estado de certas entidades desencarnadas, as quais, comunicando-se nas sessões experimentais realizadas por aquele mestre, quando das suas lutas para a formação dos códigos espíritas, tantas elucidações nos deram sobre as variadas impressões e sensações que sacodem as almas recém-libertas do estágio carnal. Esse livro é um belo código analítico que não devia faltar na estante do espírita, não como ornamento, mas como um instrutor sempre capaz de suscitar excelentes assuntos para as reuniões de estudo, quando somos convidados a expor temas objetivos para elucidação das criaturas que nos procuram, ávidas de conhecimentos, cheias de curiosidade ou necessitadas de consolo e estímulo para o prosseguimento da jornada terrena.

Ora, no dia a dia da vida espírita, e principalmente do médium que realmente se interessa pela sua Doutrina e pelo progresso da faculdade que o céu lhe concedeu, vamos encontrar a confirmação, talvez mesmo o complemento, daquelas comunicações citadas no belo compêndio de Allan Kardec.

A manifestação de um Espírito não se dá tão somente em sessões organizadas; pode dar-se até na rua, em qualquer parte, espontaneamente ou inadvertidamente provocada por nós mesmos, através de atos que pratiquemos ou de pensamentos que emitamos, os quais são vistos como imagens pelos desencarnados; por uma prece que façamos com sinceridade e ainda pelo estado vibratório emocional do médium. Tais manifestações são mais frequentes naqueles, médiuns ou não, que se integraram nos serviços do Senhor e se afastaram para viverem a vida do Espírito, embora permaneçam fisicamente neste mundo. Mas chego a pensar, induzido pelas observações, que bem mais frequentes são as manifestações de Espíritos motivadas pelos nossos atos irreverentes, nossos pensamentos menos bons, nossa invigilância mental, visto que os habitantes do Invisível, quando retardados no próprio progresso, enxameiam por toda parte, entre nós, atraídos pelas nossas imperfeições. Quantas desavenças em família, quantas decepções, e até enfermidades, são resultantes da atuação de um desencarnado que nos assedia e que, por vezes, é percebido em nossa casa ou ao nosso lado, senão propriamente visto! Caberiam num volume esses fatos que até mesmo os leigos percebem em suas vidas.

Pensando nesse intenso movimento que o Espiritismo apresenta em seus variados setores, lembrei-me de uma dessas manifestações espontâneas, acontecida há muitos anos, das mais positivas que tenho presenciado fora de sessões organizadas, durante minha longa vida de espírita.

Também os pequeninos...

É sabido que devemos respeitar os *mortos*. Orar por eles, pensar neles, sejam amigos bem amados ou desconhecidos, levar até eles o testemunho da nossa fraternidade, através da prece. Uma espórtula aos necessitados, ou a uma instituição de caridade, em sua intenção, é gesto que os cativa, tornando-os nossos amigos, se não o são. Através de preces constantes e amorosas os nossos obsessores, se os tivermos, ou os adversários desencarnados, se comovem, cessam as hostilidades e se fazem amigos. Jesus chega mesmo a advertir que antes de depositarmos a oferta diante do altar, isto é, antes da oração, se tivermos um inimigo devemos nos reconciliar com ele, ao passo que as instruções dos Espíritos esclarecem sobre o perigo que há, para nós, em deixarmos de perdoar um inimigo desencarnado. São lições magníficas, essas que todos os espíritas recebem diariamente, educativas e moralizadoras, cuja finalidade é a nossa própria felicidade. Mas nem todo espírita percebe a necessidade de atender a tais princípios regeneradores, e vez por outra deixa de dar o testemunho de fraternidade para com os seus irmãos desencarnados. E semelhante invigilância é perigosa.

Certa vez, em minha juventude, minha mãe viajara e deixara quatro dos seus seis filhos em casa, acompanhados por nosso pai. Um tanto chocados com a ausência materna, sentindo um vazio incomodativo no coração, procuramos dormir todos juntos, num pequeno quarto dependente do quarto ocupado por meu pai, que fazia passagem para aquele. Nessa noite, todos já recolhidos, mas ainda insones, meu pai entendeu relembrar o passado e narrava aos filhos as queixas que tinha de um seu cunhado desencarnado havia um ano e alguns meses. E o fazia com palavreado descaridoso, mesmo displicente. Várias vezes já o admoestáramos, lembrando os conselhos que a respeito recebíamos de nossa amada Doutrina Espírita. Subitamente, porém, ouvimos passos pesados na sala de jantar, a qual dava uma porta para o quarto de meu pai; passos pesados, como de alguém que, contrariado, passeasse de um lado para o outro. Por duas vezes, os passos chegaram até a porta e arrastaram ruidosamente os pés, como que limpando as colas dos sapatos, tornando-nos alarmados. Essa porta, rústica, mal trabalhada por um carpinteiro curioso, deixava um espaço de cerca de três dedos junto do assoalho, e os pés da entidade foram vistos por todos nós, uma vez que havíamos deixado o pequeno aposento, aglomerando-nos em torno do leito de meu pai. Calçavam botinas pretas, comuns pela época. Ouvimos, então, um resmungar, voz de quem falasse com irritação, sem, no entanto, compreendermos uma única palavra, fenômeno de voz direta não perfeita, certamente porque a entidade manifestante não tivesse como organizar razoavelmente uma garganta ectoplásmica para se poder expressar convenientemente. Nesse momento, vimos, todos nós, a figura materializada do nosso tio em questão. A porta desaparecera e lá estava ele, de cenho carregado, trajado do seu costumeiro chapéu e do sobretudo preto que tão bem conhecíamos.

Meu pai, médium dotado de várias forças psíquicas, pouco evangelizado, não temia os Espíritos, tão habituado a eles se encontrava; tratava-os de igual para igual, e na verdade só respeitava seus guias espirituais, embora nem sempre seguisse os seus conselhos. Vendo a manifestação do Espírito de seu cunhado, irreverente, exclamou:

— É bom que o senhor ouça o que digo a seu respeito...

Atemorizados e pesarosos, pusemo-nos a orar, pedindo o auxílio do Alto para o lamentável episódio e para o comunicante, que, evidentemente, sofria.

Foi uma aparição perfeita, visível a todos, e comparativamente longa.

Uma vez desaparecida a manifestação, meu pai começou a tossir violentamente, de forma a quase perder os sentidos. Tossiu durante toda a noite, ninguém pôde dormir e descansar. Assim tossiu durante mais três dias, sem poder comparecer ao trabalho. E durante cerca de três meses tossiu, embora menos violentamente. Nós, os sobrinhos, amávamos esse tio, a quem entendíamos dever favores. Oramos sinceramente por ele, pedindo perdão pelo nosso pai. E creio mesmo que foram as nossas preces, a par da misericórdia de Deus, que abrandaram a situação, evitando uma obsessão como represália à ação anticristã daquele que deixou de cumprir o dever de caridade para com uma entidade que, desencarnada, necessitava do auxílio das nossas amorosas vibrações.

A lição, no entanto, serviu de emenda a meu pobre pai, que nunca mais se atreveu a lembrar de criticar as ações do cunhado falecido e tampouco as dos demais amigos e conhecidos desencarnados.

Como vemos, todos aprendemos uma excelente lição com essa manifestação aqui exposta. Os Espíritos ouvem as nossas conversas, magoam-se com as nossas críticas e maledicências a eles dirigidas, desejam o nosso perdão se nos ofenderam durante a encarnação; podem vingar-se de nós e causar-nos numerosos contratempos, inclusive enfermidades e obsessões. Manifestados em sessões organizadas e revelando seus sofrimentos, seu modo de vida, suas impressões e sensações, etc., e os ambientes em que vivem, necessariamente revelam importantes aspectos do mundo invisível que conosco se choca e interpenetra.

E como é grato fazer deles nossos amigos através da prece amorosa, da oferta de uma flor acompanhando a prece, de uma espórtula, em seu nome, a uma criança sofredora ou um velho desprezado! Também a esses pequeninos do Além devemos gratidão, porquanto também eles revelaram e revelam a excelsa Doutrina do Consolador, que vem operando a nossa redenção para Deus.

EMMANUEL SWEDENBORG

Uma só garantia séria existe para o ensino dos Espíritos: a concordância que haja entre as revelações que eles façam espontaneamente, servindo-se de grande número de médiuns estranhos uns aos outros e em vários lugares.

(Allan Kardec – Introdução de O evangelho segundo o espiritismo, 66ª ed. da FEB [especial], 1976.)

Quem tem o hábito, ou o interesse, de consultar *O livro dos espíritos*, de Allan Kardec, para as próprias instruções doutrinarias, certamente já encontrou a relação dos nomes daqueles eminentes Espíritos que, em nome de Jesus, ditaram os ensinos constantes nos importantes livros da Codificação do Espiritismo, os quais transformaram as nossas vidas, encaminhando-nos para Deus. Dentre aqueles ilustres habitantes do mundo espiritual superior encontraremos um, justamente o último da relação inscrita nos *Prolegômenos* daquele livro, que poderia causar espanto porque absolutamente inesperado, e este é Swedenborg, nome por muitos desconhecido no Brasil. Os demais missionários que nos revelaram o tesouro celeste, que é a Doutrina Espírita, são de todos conhecidos e bem-amados: São João Evangelista, Santo Agostinho, São Vicente de Paulo, São Luís (Luís IX de Poissy), Rei da França (de 1226 a 1270)⁷, o Espírito da Verdade, Sócrates, Platão, Fénelon, Franklin etc.

Ora, Swedenborg era sueco e viveu no século XVIII, tendo sido, segundo os seus biógrafos, o homem mais culto do seu tempo. Dele diz o ilustre pesquisador espírita Arthur Conan Doyle, em seu importante livro *História do espiritismo* (Editora O Pensamento, tradução de Júlio Abreu Filho, São Paulo-SP):

> Nunca se viu tamanho amontoado de conhecimentos. Ele era, antes de mais nada, um grande engenheiro de minas e uma autoridade em metalurgia. Foi o engenheiro militar que mudou a sorte de uma das muitas campanhas de Carlos XII, da Suécia. Era uma grande autoridade em Física e Astronomia, autor de importantes trabalhos sobre as marés e sobre a determinação das latitudes. Era zoologista e anatomista. Financista e político, antecipou-se às conclusões de Adam Smith. Finalmente era um profundo estudioso da *Bíblia*, que se alimentara de teologia com o leite materno e viveu na austera atmosfera evangélica alguns anos de vida. Seu desenvolvimento psíquico, ocorrido aos 25 anos, não influiu sobre a sua atividade mental e muitos de seus trabalhos científicos foram publicados após essa data (cap. I, p. 34).⁸

---

[7] São Luís assumiu o poder aos 11 anos de idade.

[8] A *Grande enciclopédia portuguesa e brasileira* (Editorial Enciclopédia, Ltda., Lisboa-Rio de Janeiro), volume XXX, p. 454 a 456, dedica longo verbete a Swedenborg (n. em Estocolmo a 29-1-1688 e m. em Londres a 29-3-1772) e ao Swedenborgismo. Relacionou-se com inúmeras notabilidades do seu tempo, como Halley, Flamateed e Woodward, e com vários membros da Royal Society e diversos sábios da época. Diz a obra aqui citada: "Analisado à luz de uma rigorosa investigação psíquica, Swedenborg seria apenas um *médium* (destaque da op. cit.) muito fora do vulgar, porque as comunicações que asseverava estabelecer com os anjos e os espíritos eram precedidas de violentas tremuras, suores, transe, prostração e desmaios que duravam dez e treze horas, os sinais característicos de todos os médiuns do seu gênero (Cf. *Swedenborg — Life and Teaching*, Londres, 1935)". "[...] mas só em 1745 admitiu francamente as relações com os anjos e os espíritos, não por um processo análogo ao que se chama vulgarmente Espiritismo, mas falando com os seres superiores sem perder a consciência de tudo o que o rodeava no mundo. Estava Swedenborg ciente de que todos receberiam com o maior cepticismo a explicação do seu estado anímico, o que revelou ao publicar a sua *Arcana Coelestia* (1749). Era também tido como um grande vidente". "Recusando todas as homenagens e grandezas, era todavia um simples, cuja bondade e filantropia ficou tradicional entre os habitantes do seu bairro, durante os últimos anos de sua vida, na sua modesta residência em Londres". Contam--se em muitas dezenas as obras que publicou sobre assuntos científicos, filosóficos, religiosos, etc. No livro *Sobrevivência e comunicabilidade dos espíritos*, de Hermínio C. Miranda, este dedica um capítulo ao grande médium do século XVIII, intitulado "Uma revisão dos ensinos de Swedenborg". Quanto à referência ao Espiritismo, no verbete parcialmente transcrito, é curioso que o seu responsável não tenha procurado informar-se a respeito da existência de médiuns conscientes,

Emmanuel Swedenborg

Esse homem dotado de tanta cultura era também médium, vidente, clarividente; presenciava acontecimentos a enormes distâncias, como o incêndio a que, da mesa de um jantar de que participava com dezesseis convidados, em Gotemburgo, assistiu em Estocolmo.

Parece que foi em 1744, em Londres, que suas forças mediúnicas entraram em atividade. Desde o advento da sua primeira visão, esteve ele permanentemente em contato com o outro mundo:

> Na mesma noite, o mundo dos Espíritos, do céu e do inferno, abriu-se convincentemente para mim, e aí encontrei muitas pessoas de meu conhecimento e de todas as condições. Desde então diariamente o Senhor abria os olhos de meu Espírito para ver, perfeitamente desperto, o que se passava no outro mundo e para conversar, em plena consciência, com anjos e Espíritos. (op. cit., p. 36 e 37.)

Ele fala ainda de "uma espécie de vapor que se exalava dos poros de seu corpo. Era um *vapor aquoso* muito visível e caía no chão, sobre o tapete". E nós hoje conhecemos esse vapor aquoso como o ectoplasma, mais tarde identificado pelos pesquisadores psiquistas e espíritas do século passado como aquilo mesmo que o simpático Swedenborg via e assistia em si mesmo no século XVIII. E não é de admirar que ele o visse, pois se trata de um fato, uma propriedade natural do ser humano desde todas as épocas, o que esse vidente foi o primeiro a identificar, nos tempos modernos. Mas, nem só ao ectoplasma ele se referia. Havia mais...

Ainda hoje, mesmo entre adeptos da Doutrina dos Espíritos, existe quem descreia das narrativas do Espírito André Luiz e de outras obras congêneres às desta Entidade espiritual. Creem tratar-se de "fantasias de médiuns ignorantes e mistificados", como dizem alguns; ou que André Luiz foi o primeiro habitante do mundo espiritual que nos trouxe as novidades descritas em suas magníficas obras, e que, portanto estas não

---

recorrendo a *O livro dos médiuns*, de Allan Kardec. De qualquer maneira, a *Grande enciclopédia portuguesa e brasileira*, em assuntos ligados ao Espiritismo, é das que menos reparos exige.

têm base nos códigos doutrinários. No entanto, sabemos que as narrativas de André Luiz se alicerçam em *O livro dos médiuns* e que vários outros livros mediúnicos dizem a mesma coisa, o que podemos verificar em *A crise da morte*, de Ernesto Bozzano; *A vida além do véu*, do Rev. G. Vale Owen; *Raymond*, de *Sir* Oliver Lodge, os quais igualmente se expressaram sobre o assunto em época anterior, ao passo que Swedenborg dizia o seguinte, no século XVIII, e Conan Doyle, citando seus livros, o repete:

> Verificou que o outro mundo, para onde vamos depois da morte, consiste de várias esferas, representando outros tantos graus de luminosidade e de felicidade; cada um de nós irá para aquela a que se adapta a nossa condição espiritual. Somos julgados automaticamente, por uma lei espiritual das similitudes; o resultado é determinado pelo resultado global da nossa vida, de modo que a absolvição ou arrependimento no leito de morte tem pouco proveito. Nessas esferas verificou que o cenário e as condições deste mundo eram reproduzidas fielmente, do mesmo modo que a estrutura da sociedade. Viu casas onde viviam famílias, templos onde praticavam o culto, auditórios onde se reuniam para fins sociais, palácios onde deviam morar os chefes (p. 38).

E na página seguinte, 39, prossegue Conan Doyle, sempre citando o mestre sueco:

> A morte era suave, dada a presença de seres celestiais que ajudavam os recém-chegados na sua nova existência (a espiritual). Esses recém-vindos passavam imediatamente por um absoluto repouso. Reconquistavam a consciência em poucos dias, segundo a nossa contagem.
>
> Havia anjos e demônios, mas não eram de ordem diversa da nossa: eram seres humanos, que tinham vivido na Terra e que ou eram almas retardatárias, como demônios, ou altamente desenvolvidas, como anjos.
>
> De modo algum mudamos com a morte. O homem nada perde com a morte: sob todos os pontos de vista é ainda um homem, conquanto mais

perfeito do que quando na matéria. Levou consigo não só as suas forças, mas os seus hábitos mentais adquiridos, os seus preconceitos.

Seria impossível transcrever os demais pontos onde vemos anunciadas particularidades da Doutrina Espírita, mais tarde revelada a Kardec por aquela falange brilhante cuja relação assenta em *Prolegômenos* de *O livro dos espíritos*, da qual Swedenborg comparticipa. Note-se, porém, que ele tudo isso afirmava quando ainda homem, como médium, o mesmo que muitos médiuns atuais têm presenciado durante transes de desdobramento em corpo astral. Foi acusado de dizer fantasias e tomar como realidade o que era pura imaginação. Também os médiuns de hoje, descrevendo as mesmas coisas, que veem e verificam durante seus passeios pelo Invisível, são acusados de ignorância e de mistificação.

Emmanuel Swedenborg, portanto, foi um dos mestres que nos deram a Codificação do Espiritismo, formando uma plêiade de Espíritos superiores ao lado de São Luís, de São João Evangelista, de Santo Agostinho, Sócrates, Platão, etc. para entregar o Consolador ao mundo, assim consolando nossas dores e auxiliando nossa redenção. Não devemos, portanto, repelir o que nos vem do Alto por intermédio daqueles médiuns abnegados que realmente se integram na tarefa de intermediários entre os dois mundos — espiritual e material —, mas, sim, observar a recomendação inserta *em O evangelho segundo o espiritismo*, isto é, "a concordância que haja entre as revelações que eles façam espontaneamente (os Espíritos instrutores), servindo-se de grande número de médiuns estranhos uns aos outros e em vários lugares". Nosso dever é estudar, pesquisar, examinar, e não negar gratuitamente. Os livros estão aí, ao nosso dispor, excelentes, brilhantes, trazidos até nós pelos *anjos do Senhor*. Há carência de conhecimentos, insuficiência de estudos entre a grande massa dos adeptos do Espiritismo, até mesmo entre médiuns. Mas só não aprendem as lições que o Senhor nos manda aqueles que não querem aprender...

OBSESSÃO

As imperfeições morais do obsidiado constituem, frequentemente, um obstáculo à sua libertação.

(Allan Kardec – *O livro dos médiuns, nº 252).*

Nunca, ao que parece, o estudo desse terrível flagelo — a obsessão que infelicita as criaturas afastadas de Deus, a meditação sobre suas ações e consequências e o esforço para combatê-la foram mais necessários do que na atualidade, quando a vemos, de vários matizes, agindo por toda parte. No entanto, poucos são os adeptos do Consolador que se preocupam seriamente com ela e verdadeiramente se dedicam ao sublime trabalho de compreendê-la a fim de, tanto quanto possível, afastar esse mal do infeliz que surge em nosso caminho, necessitado de que o ajudemos com os recursos da Doutrina Espírita e dos nossos valores pessoais e psíquicos, sob a assistência misericordiosa de Deus.

Muitos militantes do Espiritismo entendem que o trabalho de desobsessão, entre nós, está superado e deve ser abolido das cogitações dos Centros Espíritas. Não concordamos com tal modo de pensar, porquanto, se o Alto nos concedeu a possibilidade de tentar algo a benefício dos irmãos que a sofrem; se nos foi recomendado, desde os tempos de Jesus e do advento da Doutrina Espírita, curássemos os enfermos, expulsássemos os demônios e ressuscitássemos os mortos (e obsessores e obsidiados não serão, porventura, *mortos*?); se amamos nossa Doutrina e desejamos glorificá-la; e se, finalmente, amamos o próximo e desejamos servir ao Bem e progredir, cumpre-nos a habilitação para os serviços supranormais que nos forem apresentados durante o nosso carreiro de espíritas. Concordo, porém, em que, atualmente, escasseia o interesse entre médiuns e dirigentes de sessões por esse melindroso trabalho. A fim de que a ele nos dediquemos, com êxito apreciável, serão necessários uma acentuada renovação em nosso próprio ser, um sentimento de amor ardente pela causa, a "fé que transporta montanhas", as qualidades morais que se possam impor à rebeldia do obsessor, a coragem de assumir responsabilidades com o próprio Mestre e sermos seus intérpretes; médiuns dotados de certa experiência e vocação ao difícil ministério assistencial, pois é visível ao observador o comum dos médiuns não possuir condições para tanto; conhecimento pleno das poucas instruções existentes sobre o assunto em nossos livros doutrinários, e ainda ambientes favoráveis a tão importante ação, pois não nos é possível prestar serviços tão sérios e transcendentes em ambientes de Centros profanados por festas, tumultos, compras e vendas e coisas mais que, infelizmente, assistimos contrariando as condições adequadas para o autêntico intercâmbio espiritual.

A desobsessão é um dos trabalhos mais sagrados da Doutrina Espírita, mas isso não é compreendido por boa parte da comunidade espírita (médiuns e dirigentes inclusive), daí, entre outras, a dificuldade para as curas em nossos núcleos de trabalhos transcendentes. Temos observado que certos médiuns temem orar por obsessores a fim de não atraí-los, quando, em verdade, devemos amá-los e nos compadecer deles, procurando servi-los, e quando a prece é justamente a defesa que contra suas investidas possuímos, a par das boas qualidades morais e mentais. É erro supor que os obsessores sejam literalmente perversos; ao contrário, são, como nós, filhos de Deus, merecedores de nosso apreço e da nossa consideração, como o é a mais angelical entidade com a qual poderemos confabular, se merecermos tal favor. Eles são, sim, grandes sofredores, padeceram, quando encarnados, injúrias, humilhações; muitos foram vítimas de crimes, mas são também passíveis de nos respeitar e estimar, se soubermos compreendê-los e conquistá-los através do amor, que "tudo suporta, tudo crê, tudo espera, tudo sofre", como ensina o venerável apóstolo do Amor, Paulo de Tarso (capítulo 13 da I EPÍSTOLA AOS CORÍNTIOS).

Entre os amigos espirituais que tenho a honra de possuir conto com alguns obsessores. Estimam-me, respeitam-me, embora obsidiem aqueles que noutros tempos os feriram ou os que os atraem com a prática de erros ou emissão de pensamentos nocivos. São tais como homens que não se negam a ser amigos de alguém, embora se revelem inimigos deste ou daquele cidadão. Depende de nós próprios conservar tais afeições e para convencê-los ao Bem. Procurando aconselhá-los, mesmo através da prece, amorosamente, pacientemente, conseguiremos atraí-los para as coisas de Deus... E mais uma ovelha poderá ser recebida no aprisco daquele amoroso Pastor que afirmou "haver maior júbilo no Céu por um pecador que se arrepende do que por noventa e nove justos que não necessitam de arrependimento" (LUCAS, 15:3 a 7). E que alegria será a nossa encaminhando para o aprisco do Senhor um obsessor reintegrado no Bem através de nossas preces, de nossos conselhos inspirados nos ensinamentos do *Consolador*, a quem nós próprios tanto devemos! Confesso que, em meio século de prática mediúnico-espírita, nunca senti maiores alegrias íntimas do que as que experimentei advindas do fato de conseguir consolar e convencer ao Bem um desses pobres irmãos tão incompreendidos pelos homens, que raramente se dispõem ao estudo necessário a fim de ajudar o nosso Mestre a servi-los como Ele próprio, Jesus, nos vem servindo através do tempo! Existem, é verdade, obsessores maldosos, capazes de obsidiar qualquer indivíduo invigilante que se lhes afine, fato que contemplamos hoje no mundo inteiro. Mas, que maldade há que resista a mágica sublime do Amor? E o maior culpado de sermos obsidiados não somos, porventura, nós mesmos? "A obsessão nada mais é do que uma troca de vibrações afins", declara Bezerra de Menezes em seu comovente livro *Dramas da obsessão*, o que confere com os nossos princípios doutrinários.

Ora, toda essa meditação foi provocada por uma gentil adepta do Espiritismo, que nos deu a honra de sua visita um dia desses. Confessando-se, embora, dirigente de um núcleo espírita, mostrou ignorar os mais primários conhecimentos sobre o assunto, ao perguntar:

— O obsessor entra no corpo do obsidiado? Como agir com ele?

— Não, minha irmã, o obsessor não entra no corpo do obsidiado, a não ser que se trate de um médium sonambúlico que caridosamente lhe empresta o seu aparelho mediúnico para a manifestação, dele afastando-se durante alguns minutos. Mas esses médiuns são muito raros e os únicos, a rigor, inconscientes. O comum dos obsessores envolve o obsidiado em vibrações nocivas, dominando-lhe a mente com sugestões perniciosas, maléficas mesmo; perturba-o, constrange-o a atos que não desejaria praticar, presenciando, no entanto, o que faz, mas sem forças para resistir, indo, às vezes, até ao suicídio, se a tempo não for socorrido pela ação caridosa das entidades protetoras ou pelas nossas preces e o próprio desejo de reagir, voltando-se para Deus e orando. Uma das mais graves obsessões é aquela provocada pela hipnose, ou sugestão do obsessor sobre o indivíduo, durante o sono da noite. Despertando, esse homem poderá realizar os piores desatinos, cumprindo as ordens recebidas do obsessor. E ninguém desconfiará que ele se encontre sob jugo obsessivo. Daí a necessidade da oração diária a favor de obsessores, o que, ademais, é uma expressão de genuína caridade.

E quem se deixa assim obsidiar é cúmplice do próprio obsessor, visto ser invigilante, portador de baixa moral, afastado de Deus.

Belos e instrutivos livros de Léon Denis, de Gabriel Delanne e outros mestres que desvendaram, com suas pesquisas e devotados estudos, esses mistérios dos seres — ou mistérios da natureza — para nossa instrução, existem na rica bibliografia espírita à nossa disposição. Por que não os estudar, se tanto necessitamos aprender para realizar os serviços que o Senhor nos confiou? Só os não conhecem aqueles que sentem

Obsessão

aversão ao estudo mais profundo da Doutrina Espírita. Mas os espíritas, mormente médiuns e diretores de trabalhos experimentais, têm necessidade de saber tudo sobre isso, se realmente desejam realizar esses trabalhos edificantes para si próprios e para a sociedade, o que constituirá a mais eficiente propaganda da celeste Doutrina, que tudo nos dará se a soubermos amar e valorizar.

No capítulo XXIII, de *O livro dos médiuns*, existe preciosa explanação sobre obsessões, e convém seja estudada e bem compreendida, em particular pelos médiuns, a quem é destinada, e pelos dirigentes de sessões, para quem é indispensável, pois em verdade conheço alguns que nunca leram *O livro dos médiuns*, e outros que o leram sem entendê-lo, o que é lamentável. Outrossim, em *O livro dos espíritos*, muitos ensinamentos de grande valor poderão guiar aqueles que, como a nossa prezada visitante, desejam instruir-se nesse delicado campo do conhecimento e prática espíritas, que é a obsessão. No capítulo IX, por exemplo, além de outras questões importantíssimas, existe a de nº 473, sobre possessos, a qual justamente responderia às dúvidas da nossa visitante, se ela se desse ao trabalho de consultá-lo:

P — Pode um Espírito tomar temporariamente o invólucro corporal de uma pessoa viva, isto é, introduzir-se num corpo animado e obrar em lugar do outro que se acha encarnado neste corpo?

R — O Espírito não entra em um corpo como entra numa casa. Identifica-se com um Espírito encarnado, cujos defeitos e qualidades sejam os mesmos que os seus, a fim de obrar conjuntamente com ele. Mas, o encarnado é sempre quem atua, conforme quer, sobre a matéria de que se acha revestido. Um Espírito não pode substituir-se ao que está encarnado, por isso que este terá que permanecer ligado ao seu corpo até ao termo fixado para sua existência material.

Seria de bom aviso a consulta constante a tão preciosos e indispensáveis mananciais de instrução doutrinária, quaisquer que sejam as nossas dúvidas. No próprio Novo Testamento encontraremos excelentes instruções sobre a obsessão, assim como em *Atos dos apóstolos*, considerado o primeiro tratado de mediunidade.

Como vemos, possuímos muitos recursos para combater a obsessão, inclusive procurando corrigir os nossos próprios defeitos, a imperfeição da nossa mente e a dureza do nosso coração, e ajudando o próximo a combater os seus, através da exposição destas lições que os códigos espíritas nos oferecem. A vivência com obsessores e obsidiados, a observação em torno dos variados casos que se nos apresentam são de suma importância para nossa instrução, assim como a dedicação e o amor a esses pobres irmãos tão temidos e caluniados, nunca nos esquecendo de que se eles nos obsidiam é porque os atraímos com as nossas más qualidades, que a eles nos igualam.

ONTEM COMO HOJE

Uma das maiores alegrias que podem atingir-nos o coração é encontrar referências a fatos espíritas nas leituras que fazemos sobre o Cristianismo e os cristãos primitivos, e até em escritos de outras procedências, pois não temos a pretensão de supor que somente a nós, adeptos do Espiritismo, é dado obter a inspiração ou a revelação do Alto. Por certo, a fonte de onde jorram os ensinamentos é uma só, ou seja, a Espiritualidade superior, diferindo apenas a época em que são recebidos, os veículos mediúnicos que os obtêm, a interpretação dos seus exegetas e o grau de maturidade do povo a quem são destinados.

Durante uma rápida busca feita, há tempos, em valioso compêndio espírita, infelizmente esgotado e não mais editado entre nós — *História do espiritismo*, de Arthur Conan Doyle —, tivemos a dita de encontrar belíssimas citações de autores antigos, que nos deleitaram o coração. Animamo-nos a transcrevê-las nesta crônica, pois entendemos necessário conhecer bem mais o pensamento daqueles servidores da primeira hora, a fim de cotejarmos o que eles outrora recebiam, pela intuição e por revelação, com o que nós outros, no século XX, recebemos também do Alto trazido pelos nossos protetores espirituais. Muitas vezes, constatamos pequenas diferenças nos primeiros ensinamentos, cotejando-os com os auferidos hoje, mas isso se dá apenas no tocante às palavras. Por exemplo: o que designavam por anjo é por nós chamado Espírito guia, ou protetor espiritual; o que antes denominavam demônio é hoje apenas um Espírito, ao qual podemos, talvez indevidamente, considerar um Obsessor, um Espírito atrasado. O Profeta é o Médium, na atualidade, e pelo prosseguimento da leitura verificaremos que os Arcanjos ou Anjos daquele tempo, são, para nós, um Francisco de Assis, um Antônio de Pádua, um Vicente de Paulo, um São Luís, de França, ou um Bezerra de Menezes, um Bittencourt Sampaio, um Emmanuel, um Eurípedes Barsanulfo — o qual, realmente, quando se deixa ver pela nossa vidência, dir-se-ia um anjo, tal a forma belíssima do seu perispírito — e outros mais que veneramos e a quem chamamos Espíritos de Luz.

Lendo os escritos dos chamados Pais da Igreja, ou seja, os escritores e mestres dos primeiros séculos cristãos, encontraremos o ensino e a prática espíritas legítimos, sem falar em *Atos dos apóstolos*, o quinto livro do Novo Testamento, que é também o "Primeiro livro dos médiuns" concedido aos homens, tal a profusão de fatos mediúnicos que contém, e tudo isso vem dar maior relevo à magnitude da Doutrina Espírita revelada a Allan Kardec — a qual vem sendo tão incompreendida por nós próprios — e as grandes mensagens que há um século são ditadas aos médiuns sob os auspícios da Terceira Revelação. O ilustre Conan Doyle chega mesmo a salientar que o exame da Doutrina de Jesus mostrar-nos-á que tudo quanto chamamos de Espiritismo Moderno parece ter sido familiar ao grupo do Cristo, que os dons do Espírito, exaltados por São Paulo (Paulo de Tarso), são exatamente os que exibem os nossos médiuns; e que aquelas maravilhas que deram a convicção da realidade de outro mundo, outrora, podem ser sempre apreciadas e deveriam agora ter um efeito semelhante, se mais uma vez os homens procurassem obter a certeza da sobrevivência e do intercâmbio entre os seres das esferas física e espiritual. Este assunto terá uma referência ligeira, bastando dizer que, longe de ter vagado pela ortodoxia, há boas razões para pensar que o espírita humilde e não dogmático, com as diretas mensagens espíritas, com a sua comunicação com os santos, e com a associação com aquele alto ensino que foi chamado *Espírito Santo*, está mais próximo do Cristianismo primitivo do que qualquer outra seita existente. (Capítulo XXIV.)

Os primeiros cristãos viviam em íntimo e familiar contato com os invisíveis, e sua absoluta fé e constância se baseavam num pessoal conhecimento positivo que cada qual havia adquirido. Sabiam não como especulação, mas como um fato absoluto, que a morte não significa mais que a passagem para uma vida mais ampla, que deveria ser chamada mais propriamente nascimento. (op. cit.)

Uma das provas lembradas pelo grande psiquista inglês são as inscrições fúnebres dos túmulos catacumbas, as quais, em Roma ou em outras províncias do Império, absolutamente não são desoladoras, mas vigorosas, revelando fé e esperança. Enquanto os túmulos dos romanos exprimiam abandono, descrença no futuro, materialismo, diziam as inscrições das catacumbas cristãs:

"Ágape, viverás para sempre!" ou "Vitorina em paz e em Cristo!" ou "Que Deus renove o teu Espírito!" e "Vive em Deus!". Essas inscrições bastam para mostrar que um ponto de vista sobre a morte, novo e infinitamente consolador, tinha sido alcançado pela humanidade. Um símbolo que predomina nas catacumbas dos cristãos é o Bom Pastor — a delicada ideia de um homem carregando um pobre cordeirinho." (op. cit.)

Os exegetas e pesquisadores dedicados a estudos sobre o Cristianismo citam sempre, em suas obras, ensinamentos retirados de livros dos antigos Pais da Igreja, tais como Clemente de Alexandria, Tertuliano, Ireneu, Orígenes, Hermas, este "figura mais ou menos apagada que se diz ter sido amigo de São Paulo e discípulo direto dos Apóstolos". Santo Agostinho e outros autores, igualmente ilustres, nos dizem dos conhecimentos que eles possuíam sobre o psiquismo e a convivência que tinham com Espíritos e fatos espíritas hoje por nós observados e analisados. Convém aqui lembrar que Santo Agostinho foi um dos Espíritos expositores ou reveladores da Doutrina Espírita a Allan Kardec. Peço vênia ao leitor para citar alguns trechos retirados ao mesmo livro *História do espiritismo*, de Arthur Conan Doyle, transcritos de antigos livros desse mesmo vulto cristão que tão de perto nos fala ao coração:

No livro *De cura pro Mortuis*, Santo Agostinho assim se expressa: "Os Espíritos dos mortos podem ser mandados aos vivos, aos quais podem desvendar o futuro, que ficaram conhecendo por outros Espíritos ou pelos Anjos ou pela revelação divina". Isto é puro Espiritismo, exatamente como o conhecemos e definimos — opina Conan Doyle — ; Agostinho não teria falado nisso com tanta segurança nem com tanta justeza de definições se não tivesse tido o seu conhecimento familiar (op. cit.).

Em *A cidade de Deus*, Santo Agostinho se refere ao fato de o corpo etéreo de uma pessoa poder comunicar-se com os Espíritos e com os guias mais elevados e ter visões. E isso nós sabemos que muitos médiuns atuais, mesmo no Brasil, frequentemente o fazem.

O pastor, livro atribuído a Hermas, que, segundo diziam, viveu ao tempo de Paulo de Tarso, isto é, no meado do século I, diz o seguinte:

> O Espírito não responde a todas as perguntas nem a qualquer pessoa particular, porque o Espírito que vem de Deus não fala ao homem quando este quer, mas quando Deus o permite. Assim, quando um homem que tem um Espírito de Deus vem a uma assembleia de fiéis, e quando foi feita uma prece, o Espírito enche esse homem, que fala como Deus quer (op. cit.).

Também isso é puro Espiritismo, com a única diferença de que, na obtenção de um receituário, por exemplo, ou na recepção de um livro mediúnico, trabalhos estes que não se podem realizar em assembleias, o médium se mantém isolado, sozinho, por ordem de seus próprios instrutores espirituais.

Orígenes, ao que se sabe, diz na sua controvérsia com Celsus: "Muita gente abraçou a fé cristã, a despeito de tudo, porque seus corações foram mudados subitamente por algum espírito, quer em aparição, quer em sonho" (op. cit.). E quantas vezes fatos análogos temos presenciado hodiernamente, entre pessoas que assim se tornam espíritas? Ireneu, por sua vez, escreveu o seguinte, o que vem confirmar o que hoje os códigos espíritas descrevem e a mediunidade comprova: "Ouvimos que muitos irmãos na Igreja possuem dons proféticos (mediúnicos) e falam, através do Espírito, diversas línguas e revelam, no interesse geral, coisas ocultas aos homens, explicando os mistérios de Deus". E Conan Doyle acrescenta: "Nenhuma passagem poderia descrever melhor as funções de um médium de alta classe" (op. cit.). Hoje em dia acontece o mesmo; e entre nós, se tal não se verifica tanto pela palavra, ocorre, todavia, através da psicografia, quando o Espírito se permite revelar os mistérios de Deus para o bem da humanidade. Tertuliano, uma das mais brilhantes inteligências do século III, diz em seu livro *De anima*:

> Temos hoje entre nós uma irmã que da natureza recebeu os dons da revelação que ela exerce em Espírito na Igreja, entre os ritos do Dia do Senhor (domingo), caindo em êxtase. Conversa com os anjos (Espíritos elevados), vê e ouve mistérios e lê os corações de certas pessoas, curando os que o pedem. Entre outras coisas, disse ela, me foi mostrada uma alma, em forma corpórea, e parecia um Espírito, mas não vazio ou uma coisa vaga. Pelo contrário, parecia que podia ser tocada, era macia, luminosa, da cor do ar, e de forma humana em todos os detalhes (op. cit.).

É encantador para os médiuns do século XX verificar que fatos idênticos se dão com eles próprios. O médium dos nossos dias, que possui o dom da clarividência e que teve ocasião de ser tocado por um Espírito em sessões de contato, sabe que este, com efeito, se nos toca, tem mãos macias como pétalas de rosas, temperatura e até certo peso, e os clarividentes, trabalhando em obras psicográficas, não só veem o Espírito que as dita, mas também percebem que este é "luminoso, da cor do ar e de forma humana em todos os detalhes".

Fato significativo e muito interessante é que, por essa longínqua época, "aqueles que tinham dons se consideravam superiores aos outros; eram então advertidos de que um homem pode ter dons sem possuir grandes virtudes, de modo que é espiritualmente inferior a muitos que não possuem dons" (op. cit.).

Falando sobre o objetivo dos fenômenos então produzidos, diz o Livro VIII, Século I – *Constituições Apostólicas*, provavelmente do início do século III:

> Não são para as vantagens dos que os realizam, mas para a convicção dos descrentes; para aqueles a quem uma palavra não persuada, mas a força dos sinais pode envergonhar, pois os sinais não são para os que acreditam, mas para os descrentes, tanto judeus como gentios.

Depois a relação dos dons espirituais, que tão bem conhecemos, ou diferentes formas de mediunidade:

> Portanto, ninguém que produza sinais (fenômenos) e maravilhas julgue fiel a quem não é considerado como tal. Porquanto os dons de Deus que são concedidos através do Cristo são vários e uns recebem estes, outros recebem aqueles. Porque talvez este recebe a palavra de sabedoria (fala em transe) "e aquele a palavra do conhecimento" (inspiração); "uns distinguem os Espíritos" (vidência), "outros o conhecimento antecipado de coisas vindouras, outros a palavra de ensino" (incorporação de Espíritos), "enfim outros um longo sofrimento (op. cit.).

Os antigos cristãos foram, pois, fiéis ao mandato que receberam do Alto ao reencarnar. Cumpriram brilhantemente sua missão e para nós deixaram não só os preciosos testemunhos que nos iluminam as mentes e auxiliam-nos a redenção do Espírito, mas também a força dos seus exemplos, pois muitos deles foram sacrificados, deram a própria vida para que esses segredos dos céus fossem também revelados aos de boa vontade, sedentos de amor, de justiça e de verdade. Presentemente, os fatos se repetem e, se formos féis a essa Doutrina Imortal que nos veio às mãos através de Allan Kardec — conhecida e praticada nos primeiros séculos do Cristianismo creio que devemos conservá-la dignamente como os primeiros adeptos o fizeram, evitando deturpá-la com infelizes ideias pessoais e ignorância dos seus princípios e profundidade, como lamentavelmente observamos que tem acontecido. O tesouro celeste que os grandes Espíritos colocaram em nossas mãos, por ordem do Cristo — o Verbo divino —, bem merece de nós os esforços, as renúncias e o amor de que os antigos *cristãos-espíritas* nos deram o exemplo, a fim de que o conservemos íntegro e puro para as gerações porvindouras, nossas seguidoras na ordem da vida...

(As referências e transcrições são do capítulo XXIV de *História do espiritismo* [*The History of Spiritualism*], de Arthur Conan Doyle, Editora O Pensamento Ltda., S. Paulo-SP, 1960.)

Psicografia e caridade

Se for tentado a cometer abuso, no que quer que seja, ou a me envaidecer da faculdade que te prove conceder-me, peço que ma retires, de preferência a consentires seja ela desviada do seu objetivo providencial, que é em bem de todos e o meu próprio avanço moral.

(Allan Kardec, *O evangelho segundo o espiritismo*, capítulo 28-10 – *Prece para os médiuns*.)

São numerosas as vezes que, através de cartas, tenho recebido pedidos de orientação para o desenvolvimento da mediunidade, principalmente a psicografia, que parece ser a mais querida e desejada das faculdades psíquicas, dado o plano sublime a que ela pode atingir, conforme as possibilidades daquele que a aspire, apesar de sabermos que todas elas podem alcançar pianos nobilíssimos, se bem cultivadas e praticadas. E numerosas têm sido as minhas respostas, sempre baseadas nos programas e princípios da codificação espírita. Muitos dos candidatos a essa faculdade, que me escrevem ou visitam, aspiram a ser médiuns literatos, isto é, produzir literatura em prosa e até mesmo em versos, julgando que é bastante ser psicógrafo para produzir literatura de todos os tipos, inclusive poemas de autores consagrados e grandes livros. Mas, isso é um engano. Nesse setor belo, mas dificílimo de ser dominado, somente poderá vencer aquele que, além da especialidade de *médium literato*, trouxer, ao reencarnar, o compromisso, a tarefa de realizar o feito, que não depende tão só dos méritos que ele já possa ter adquirido, mas da missão a que se comprometeu; ou do resgate, ou reparação, que lhe seja necessário provar. Ainda porque, não é em uma única existência que um médium se prepara para o desempenho pleno da mediunidade, mas em várias; e para ser médium literato ele precisa trazer arquivados na consciência profunda conhecimentos indispensáveis à ação do escritor comunicante; e é também sabido que um médium muito culto, cujo cérebro se encontre abarrotado de teorias, traz boas doses de ideias preconcebidas e por isso frequentemente interfere nos ditados que recebe do Além. Quem recorrer a *O livro dos médiuns* compreenderá que escrever versos ou prosa com a psicografia é uma especialidade do médium psicógrafo e não uma regra, e onde não houver tal especialidade o dito feito não se realizará. Imbuídos dessa ilusão, médiuns iniciantes forçam a obtenção de versos mediúnicos de má qualidade, assim como prosa inexpressiva e até livros, que seria melhor jamais terem sido escritos. Não, o início não é esse. É o estudo, o trabalho da Caridade, o preparo moral e mental, a oração, a súplica, a renúncia, porque tal é a faculdade. Se o seu germe existir nos refolhos do ser, brotará suavemente, *sem ser exigida*, enquanto que, forçada por uma insistência contraproducente, resultará no desencadear de fenômenos quais a sugestão, *o personismo*, como diz Aksakof, isto é incomodativo animismo, espinho da mediunidade; e despontará protegida pelas vibrações defensivas das faixas da Caridade emitidas por eminentes entidades espirituais.

Lamentamos profundamente a incompreensão de alguns desses iniciantes da psicografia, que teimam em ignorar os labores da Caridade, verdadeiros esteios a favorecer a mediunidade. Todo médium deverá iniciar o seu desempenho no campo da Doutrina Espírita pelas vias da beneficência, porque assim fazendo desenvolverá os seus poderes psíquicos envolvidos nas faixas vibratórias superiores, junto aos guias espirituais, sempre incansáveis em recomendar a prática da beneficência e o estudo constante e metódico, desestimulando a ação arbitrária, de começar pelo fim, isto é, pela literatura em prosa ou versos. Isto, em verdade, pode acontecer, quando se tratar de médium que revele uma especialidade de vulto superior, como é o caso de Francisco Cândido Xavier, cujo primeiro livro apresentado ao público foi o monumental *Parnaso de além-túmulo*. Mas havemos de compreender que isso é raro, quase exceção, e que esse médium, desde o início, dedicou-se à prática do Bem de forma inegavelmente apostolar, assim se firmando no esteio poderoso da mediunidade: a Caridade, o amor aos que sofrem. Outros médiuns do nosso conhecimento têm igualmente observado a cautela de *começar pelo princípio*, e o resultado tem sido invariavelmente benéfico.

Em vez de versos que, no dizer de Allan Kardec (*O livro dos médiuns*, capítulo 16-193-3º) são muito comuns quando maus e muito raros quando bons, o psicógrafo que se inicia no espinhoso labor da mediunidade intelectual deverá aspirar, primeiramente, a tornar-se um orientador doutrinário, um conselheiro que transmitirá aos necessitados ou sofredores, que o procurem, o consolo, o conselho, a advertência; a palavra que lhes enxugue as lágrimas, que os encaminhe suavemente a um roteiro de equilíbrio, educando-os, esclarecendo-os quanto aos seus problemas mais urgentes. Esse desempenho é uma das mais legítimas expressões da caridade moral, a mais difícil de ser praticada. Muitos corações existem sangrando junto de nós, comumente sem que os percebamos; são irmãos urgentemente necessitados de uma advertência, um esclarecimento, uma receita que os alivie de sofrimentos físicos. Uma mensagem do Alto, conselheira, amorosa, que um médium desse tipo, isto é, psicógrafo, obtenha do Além para eles, quando solicitado, poderá até mesmo salvá-los do suicídio e normalizar-lhes a existência, encaminhando-os para a luz da verdade e do amor a Deus. Mas, para que o médium possa realizar esse feito importante — embora pouco notado pelos observadores, por realizado na discrição silenciosa da Caridade, que se não evidencia nem envaidece —, é imprescindível que ele conheça pontos importantes do Evangelho e da Doutrina dos Espíritos, a fim de que os guias espirituais que o assistirem encontrem em seu cérebro elementos para desenvolver-lhe a prédica, isto é, o conselho, a orientação legítima. Então, com a continuação dessa tarefa bendita, é bem possível que o psicógrafo, dentro de certo tempo, venha a produzir bons artigos doutrinários, adequados à publicidade, os quais, por sua vez, meritórios serviços poderão prestar aos simpatizantes do Espiritismo. Importa não esquecer, contudo, que o da Caridade, do auxílio aos que choram, é o serviço do silêncio, da modéstia; não vai para os jornais nem para as tribunas ou rádios. Não serve para exaltar a vaidade, nem o orgulho, nem o prazer de se sentir admirado. É o trabalho da mão direita, que a esquerda não vê... Mas pelo Mestre e seus mensageiros é conhecido e saudado...

Em cinquenta e dois anos de prática espírita ativa e atenta às observações convenientes, inúmeros candidatos à mediunidade, à psicografia em particular, têm passado sob nossas observações. Aliás, as observações que fizermos nesse campo muito nos auxiliam o aprendizado. Vários deles, porém, absolutamente nada conseguiram na literatura mediúnica. No entanto, quase todos se tornaram médiuns receitistas, conselheiros, recebendo também orientações psicografadas, quando necessárias ou indispensáveis, dos protetores espirituais, nos serviços da Caridade, e curando ou aliviando dores morais e físicas através de passes aplicados com autêntico amor e respeito. Por que isso acontecia com determinados médiuns? Porque, como intérpretes do Além, não tinham a especialidade de *médiuns literatos*, mas traziam o dom de fazer o Bem, que é lei, dom divino que, beneficiando o próximo, beneficia, em primeiro lugar, quem o exercita.

Mais recentemente, isto é, nos dias atuais, um jovem espírita, o irmão J. F. S., dotado de prendas morais assaz recomendáveis, inclusive a modéstia e a humildade de coração, bom filho para seus velhos pais, bom pai para seus pequeninos filhos, funcionário exemplar da sua repartição — qualidades que muito recomendam o espírita, como sabemos aspirava, como tantos, a tornar-se médium orador, literato ou mesmo beletrista não mediúnico. Porque solicitasse nossos conselhos e orientações experimentamos suas possibilidades, mas resultaram negativos todos os esforços. No entanto, tratava-se de pessoa culta e conhecedora da

Doutrina dos Espíritos. Finalmente ele próprio, pela dedicação, fidelidade e boa vontade demonstradas mereceu a intuição de seus guias para experimentar o receituário homeopata. Orientações e conselhos de amigos sinceros foram obtidos e no momento é médium receitista, bem assistido pelo Alto, de nobre instituição espírita de nossa cidade. E convém frisar que tais médiuns são incomuns hoje em dia...

Cremos que todos os candidatos à mediunidade deviam prestar mais atenção às lições de *O livro do médiuns*. Esse livro não está absolutamente superado, como querem alguns. É um tratado, um clássico de técnica mediúnica e nada de superior a ele o Alto revelou até agora. É preciso, portanto, conhecê-lo bastante, a fim de não perdermos tempo preferindo versos malfeitos às obras do Amor e da Caridade, que cabem em todos os corações. E a verdade é que, através deste trabalho — não duvidemos em menor espaço de tempo do que presumimos, poderemos atingir a literatura mediúnica. Quem sabe?

"Buscai, pois, em primeiro lugar, o reino de Deus e a sua justiça: e todas estas coisas vos serão acrescentadas" — disse o Senhor. (MATEUS, 6:33.)

Convite ao estudo

Deus consola humildes e dá força aos aflitos que lha pedem. Seu poder cobre a Terra e, por toda parte, junto de cada lágrima colocou ele um bálsamo que consola. A abnegação e o devotamento são uma prece continua e encerram um ensinamento profundo. A sabedoria humana reside nessas duas palavras. Possam todos os Espíritos sofredores compreender essa verdade, em vez de clamarem contra suas dotes, contra os sofrimentos morais que neste mundo vos cabem em partilha.

(O Espírito de Verdade, em *O evangelho segundo o espiritismo*, de Allan Kardec, cap. VI, it. 8.)

Uma gentil simpatizante da Doutrina Espírita, ainda desconhecedora dos seus princípios e ensinamentos, escreveu-nos fazendo duas perguntas interessantes, que requerem respostas destacadas. Escreveu ela:

Tenho minha mãe doente de males reumáticos, que muito a fazem sofrer, há quinze anos, os quais já a puseram mesmo com as pernas paralíticas. Depois de lutas insanas e infrutíferas recorri ao Espiritismo, que tantos doentes há curado. Confesso que, com esse tratamento, minha mãe se encontra bem melhor, pois anda escorando-se em duas bengalas, quando antes vivia em cadeira de rodas. Mas em verdade ainda não sarou e tenho dúvidas quanto à sua recuperação total. Como hei de interpretar esse fato, quando sei que Jesus prometeu curar aqueles que recorressem a Ele, enquanto eu mesma reconheço e outros doentes foram radicalmente curados pelo mesmo processo? Será que Jesus não me conhece e nem conhece minha mãe? No Céu também existem predileções?

Não, minha irmã; no Céu, ou seja, no mundo espiritual não há predileções, porque a lei que o dirige é justiça e misericórdia; e você sabe disso, porque todos os compêndios religiosos do mundo o afirmam. Por que então essa blasfêmia? Se, em um ano de terapêutica espiritual, sua mãe ainda não logrou a cura completa é visível que a enfermidade dela tem origens espirituais: a cura completa depende dela própria, mais do seu progresso moral-espiritual que de tratamento físico, isto se trata de uma provação para expurgar delitos cometidos em passada existência, ou na presente existência mesmo; um testemunho, um acerto de contas com a Lei divina, por ela transgredida. Nos códigos da Doutrina Espírita, os mensageiros do Senhor esclarecem que inúmeros males que nos assaltam podem ser frutos negativos colhidos de atos praticados na atual existência, uma vez que até mesmo pensamentos inferiores, o mau trato pessoal contra o próximo e até os vícios que tenhamos podem reverter em prejuízos graves sobre nós próprios. De outro lado, você está enganada quando julga e Jesus prometeu curar alguém. Não, ele não prometeu curar, prometeu apenas *aliviar*. Ora, aliviar não é curar; a cura completa depende do próprio paciente, do seu progresso moral-espiritual, e, com efeito, relativamente à sua querida mãe já o Mestre cumpriu a promessa, pois você própria confessa que ela, antes vivendo presa a uma cadeira de rodas, atualmente caminha amparada em bengalas, aliviada, portanto, pelas virtudes do Consolador (Doutrina Espírita) por ele próprio, Jesus, enviado a este mundo para socorrer e ensinar os sofredores.

Se você se der ao trabalho de consultar o sublime livro *O evangelho segundo o espiritismo*, de Allan Kardec, encontrará no capítulo VI — "O Cristo Consolador" — a promessa do Mestre à qual alude. Ela é mais séria e profunda do que pensamos e convém refletir um pouco sobre seus termos. Diz ele: "Vinde a mim, todos vós que estais aflitos e sobrecarregados, e eu vos aliviarei".

Ele, portanto, não prometeu curar ninguém, mas aliviar a todos. Entretanto, impôs uma condição: "Tomai sobre vós o meu jugo e aprendei comigo que sou brando e humilde de coração, e achareis repouso para as vossas almas, pois é suave o meu jugo e leve o meu fardo." (MATEUS, 11:28 a 30).

Quando, portanto, tomarmos o jugo do Senhor, que é a responsabilidade dos deveres exigidos pela sua Doutrina, e acharmos repouso para as nossas almas, estaremos curados, pois só pode sentir paz (repouso) quem nada mais sofre.

Mas... Perguntará ainda a missivista: "Que jugo, que fardo é esse, como compreender tal simbolismo?"

O jugo a que Jesus se reporta é justamente a sua Doutrina, o conhecimento e a prática das regras de bem-viver, expostos no Sermão da Montanha e na Revelação Espírita; é a prática do Amor, os deveres da Caridade, a consciência dos princípios das leis eternas e sua observância possível, divulgadas no alto do Sinai. Recomende à sua genitora que se banhe na luz dos ensinamentos evangélico-espirituais, lembrando-se de que há paralíticos não só sem recursos para o próprio tratamento como até sofrem frio e fome; que existem crianças envolvidas em folhas de jornais, ao nascerem, sem roupas para vestir, e que nós outros temos o dever de minorar-lhes os sofrimentos, aprendendo com o Cristo a lição da solidariedade e do socorro a exemplo do Alto, que minora e alivia-nos os nossos sofrimentos. Faça-a ler e meditar sobre os ensinos constantes dos livros que o Cristo de Deus nos vem concedendo há mais de um século, através dos seus obreiros do Invisível; que ela e também você mesma aprendam a se renovar interiormente, vivendo melhor a vida do espírito e não apenas a da carne, em sintonia com as faixas protetoras da Espiritualidade, preparando-se para a cura desejada, pois é preciso que se saiba receber misericórdias celestes, como essa. Não basta orar e suplicar. É imperioso dar de si próprio, ajudar, proteger, devotar-se ao próximo, enxugar lágrimas alheias, para que mereçamos auxiliados. Tudo isso é também terapêutica que aplaca provações, cura as chagas da alma e, logicamente, as doenças do corpo, consequentes daquelas. Em sua mãezinha o que está doente é a alma. O jugo que Jesus nos convida a carregar é a prática das virtudes por ele ensinadas. Essa prática, reconciliando-nos com a nossa consciência, é que verdadeiramente nos cura dos males que nos têm afligido até agora. Jesus nos dá o alívio, sim, conforme promete. E dá-nos, mais, a proteção da sua Doutrina, para que nos curemos a nós mesmos e tenhamos o mérito de sermos os preparadores do nosso próprio triunfo espiritual. A lei do mérito é sempre considerada para os efeitos de curas.

Pergunta ainda a gentil leitora:

Deus perdoa nossas faltas? Ouço dizer que sim. Mas como conciliar tal afirmativa com a verdade, se outros tantos dizem que Deus é também justo e nos castiga, tanto assim que nos condena ao inferno e permite que seres infelizes arrastem vidas miseráveis, até mesmo repugnantes, enquanto outros dizem que esses estão pagando o que fizeram?

A sua confusão, prezada leitora, parte da falta de verdadeiro conhecimento da lei de Justiça e de Perdão. Certamente que Deus é perdoador e justiceiro, mas Perdão não quer dizer desculpa nem cumplicidade com o erro, nem Justiça quer dizer apenas severidade e castigo.

Segundo os ensinamentos dos Espíritos superiores que revelaram a Doutrina do Consolador, o perdão de Deus às nossas faltas assenta-se na possibilidade, que suas leis admitem, de reencarnarmos quantas vezes sejam necessárias a fim de, através do trabalho, do amor e de uma existência votada ao Bem, repararmos o mal praticado no passado. Pelo amor poderemos refazer muitos erros cometidos anteriormente, pois não há, a rigor, necessidade de punições severas como reparação para a totalidade dos erros que cometemos. O próprio apóstolo Pedro asseverou que o "amor cobre uma multidão de pecados", isto é, que pela prática do Bem poderemos nos reabilitar de quedas anteriores, ou atuais, praticadas contra o próximo ou contra nós mesmos: "Acima de tudo, porém, tende amor intenso uns para com os outros, porque o amor cobre multidão de pecados" (I PEDRO, 4:8.). E o apóstolo Tiago: "Sabei que aquele que converte o pecador do seu caminho errado, salvará da morte a alma dele, e cobrirá multidão de pecados" (TIAGO, 5:20.). E nós acrescentaremos: converter um pecador ao Bem é genuíno ato de amor...

Vemos aí, então, a par das lições do Consolador, que o trabalho do amor, a beneficência, a caridade resgatam faltas. É o perdão honroso, de Deus, que dignifica, eleva, brilhantemente repara o erro cometido, mas nunca o perdão ocioso, que não satisfaria nem mesmo a consciência do próprio pecador.

Há, porém, um tipo de erro, de pecado, para o qual não há perdão. Os antigos denominavam-no *pecado mortal*. O delinquente, então, *irá para o inferno*, isto é, terá uma encarnação, imposta pela Lei, na Terra mesma ou em outros planetas inferiores, onde expiará *por entre choro e ranger de dentes*, segundo a expressão evangélica. É o pecado contra o Espírito Santo, ou contra o *Espírito*, simplesmente. Compreendemos, assim, que o Espírito Santo representa a Lei suprema de Deus, e não pode ser tão ultrajada. O pecador terá de expiar, portanto, o seu pecado ao pé da letra, até ao *último centavo*. É o próprio Jesus que nos dá notícia desse fato: "Por isso vos declaro: Todo pecado e blasfêmia serão perdoados aos homens; mas a blasfêmia contra o Espírito (Santo) não será perdoada" (MATEUS, 12:31).

Veremos então os réprobos reencarnados, para exemplo nosso, arrastando-se pelas sarjetas: são doentes incuráveis pela medicina, mutilados, miseravelmente chagados; ou loucos incuráveis confinados em hospícios "onde há choro e ranger de dentes"; obsidiados *incuráveis*, leprosos, *prisioneiros para sempre*, encarcerados em prisões implacáveis, etc. Estão, pois, *detidos no inferno*, reparando o antigo mal não mais através do amor, pois ainda não saberiam amar, mas flagelados pelo sofrimento, que os reeduca e faz conhecer o mesmo martírio que infligiram aos outros, ofendendo, blasfemando contra a Lei suprema do "amor a Deus sobre todas as coisas e ao próximo como a si mesmo", porque, quando ofendemos o próximo, é a nós mesmos que ofendemos, e também à Lei suprema do Todo-Poderoso. Podemos reconhecer a muitos desses: são suicidas reencarnados; são os fazedores de guerras que desgraçam os povos e as nações; os flageladores dos povos através de mil distúrbios internacionais, inclusive econômicos; traidores da pátria, que a defraudam e arruínam, ou da fraternidade universal; os traidores do Amor e corruptores da Religião, que enganam o crente; traidores da Fé, deturpadores da Revelação trazida pelo Cristo... Meu Deus! O mundo está repleto deles e os vemos diariamente a chorar, e oramos por eles, e os socorremos com o nosso auxílio fraterno, e suavizamos os seus infortúnios, pois o Mestre e o seu Consolador ensinam como havemos de agir. Se Deus é Justiça é também Misericórdia e seremos nós, então, os operários da misericórdia do Pai, que não deseja a morte (perdição eterna) do pecador, mas que ele se converta e viva: "Acaso tenho eu prazer na morte do pecador? — diz o Senhor Deus; — não desejo eu antes e ele se converta dos seus caminhos, e viva?" (EZEQUIEL, 18:23).

Há devedores dessa espécie que necessitam de séculos, talvez milênios, para se erguerem das suas infâmias de anteriores existências. Os romances espíritas, ditados aos médiuns pelos Espíritos-escritores, mostram exemplos na vida real que nos edificam, ensinando-nos importantes pontos da Lei de Deus que nos será indispensável aprender e respeitar. Uma vez, porém, regressando à pátria espiritual esses pecadores terão resgatado uma parte do débito e voltarão, então, novamente, aos cenários deste mundo, continuando o seu programa de reparações e trabalho, a fim de pagar até o último centavo. De qualquer forma, ele, o delinquente, não estará perdido. À custa de sofrimentos resgatará os débitos do passado. Tornando, assim, ao Pai redimido. *A parábola do filho pródigo* é a lição que Jesus nos dá a tal respeito (LUCAS, 15:11 a 32). Não seremos, portanto, esmagados por uma Justiça implacável. Justiça poderá ser também amparo, proteção, prêmio. Estudemos, pois, a Doutrina do Consolador, para conhecer toda a grandeza e lógica do Perdão e da Justiça.

É esse, minha irmã, o perdão que Deus nos dá: a Vida eterna desdobrada em incontáveis experiências reencarnatórias, na sequência das quais nos havemos de aperfeiçoar... Até que consigamos refletir, sem sombra alguma, a imagem e a semelhança de Deus...

Página dolorosa

Seja constante o amor fraternal. Não negligencieis a hospitalidade, pois alguns, praticando-a, sem o saber acolheram anjos.
(Hebreus, 13:1 e 2.)

Na sociedade terrena, atualmente, existem problemas gravíssimos, como todos sabemos, os quais estão a desafiar todos os esforços, toda a boa vontade, todas as tentativas dos corações humanitários, das autoridades, dos dirigentes do país — ou dos países, porque se trata de problemas mundiais — para solucioná-los, sem que, no entanto, se apresentem inspirações legítimas a fim de ao menos suavizá-los. Parece, e é bem certo, que se processa uma revolução moral mundial para a renovação do planeta, exigindo de cada um de nós algo providencial para que os mesmos problemas sejam amenizados, nem que seja com a prece do nosso coração em favor da humanidade que se desvaira, não sabendo o que quer, o que fazer ante a violência e a dor, que a todos atingem e surpreendem.

Um de tais problemas, no Brasil, do qual preferentemente tratamos, é a situação da infância abandonada ou carente, embora não abandonada; a criança infeliz, órfã de pais mortos ou mesmo vivos, muitas vezes, porque irresponsáveis ou desaparecidos; a criança marginalizada, sem lar, sem amor, faminta, sem direção nem educação, analfabeta em sua maioria; doente física ou moralmente, sem nenhum princípio moral-religioso e, por tudo isso, futuros criminosos ou já delinquentes aos 13 e 15 anos de idade como atestam as estatísticas oficiais ou dos jornais, frequentemente.

É um mal social, portanto, o qual talvez só a Sabedoria divina poderá dirimir, e do qual a sociedade é responsável, porquanto, durante décadas e mais décadas, desinteressou-se da criança sem amparo nem recursos, enquanto se dava aos gozos de toda espécie ou ao comodismo egoísta, incapaz de uma reação franca e objetiva para evitar que o número dos pequeninos infelizes crescesse ao ponto de, hoje, ser contado aos milhares e milhões.

Diremos nós, espíritas, que nessa triste falange estão incluídos Espíritos devedores do passado para a provação e o resgate do presente. Sim, é possível. Mas cumpre a todos os componentes da sociedade, a nós, espíritas, inclusive, pormos em prática os ensinamentos que viemos obtendo dos nossos maiores de além-túmulo, há um século, e do Evangelho do Mestre Nazareno, há dois milênios, em torno da proteção devida aos fracos e indefesos. Muitas dessas crianças são delinquentes, já criminosas de morte, viciadas no mal, assaltantes, toxicômanos, absorvidas pela prostituição, e devemos compreender que a Providência divina não pode exigir de nós que reparemos faltas passadas cometendo crimes de toda espécie. Assim sendo, nosso dever sagrado é educá-las, compreender que vieram ao mundo para serem educadas pelos mais experientes, é amenizar essa situação, acima de tudo evitando que as pobres criaturinhas, desprotegidas, carentes de tudo, resvalem em plena adolescência, para o abismo social.

Muitos de nós, espíritas ou não, temos tentado socorrê-las, cheios de boa vontade. Surgem então os orfanatos, os *lares*. Alguns, bem dirigidos, protegem, com efeito, a criança até vê-la em condições de ganhar a vida por si mesma, com uma profissão honesta, embora tudo isso custe muito sacrifício: sacrifício financeiro, falta de material humano para a boa e paciente direção interna; de corações compreensivos que vejam

Página dolorosa

no pequeno abrigado não um intruso, um abandonado, um *objeto* perdido no mundo, mas um filho de Deus com direito às nossas atenções, a quem devemos amor e consideração, mesmo um filho nosso, porquanto, se foi colocado em nosso destino foi para que o protegêssemos com amor, cumprindo nosso dever perante a lei de fraternidade, visto que os nossos próprios filhos ou netos um dia também poderão encontrar-se na necessidade de serem abrigados, asilados, quem sabe?

Mas... os espíritas, principalmente, são pobres, em verdade não temos dinheiro suficiente para erguer grandes instituições e por essa razão outros orfanatos, sem recursos para o necessário tratamento até os 18 ou 20 anos dos seus protegidos, fazem o que podem, ajudam durante a primeira infância, atendendo quando possível as prescrições da Medicina para o desenvolvimento saudável, físico e psíquico, da criança e a sua necessária educação, mas o fazem parcamente, por absoluta impossibilidade de fazerem melhor, continuando, portanto, a criança carente de uma proteção sólida. A maioria desses orfanatos, apesar da imensa boa vontade dos seus diretores, vê-se na penosa necessidade de desligar da sua proteção menores de 12, de 14 anos de idade, fase essa a mais perigosa, a mais crítica da criança, quando o seu caráter está em formação e suas sensibilidades e impressões são mais aguçadas, propiciadas ao aprendizado daquilo que a cerca, seja o bem, seja o mal ou o vício, o que redunda em dizer que, soltar uma criança dessa idade no mundo atual não é ação que brilhe pela caridade e a proteção devida aos mais fracos. Mas que fazer se os recursos para mantê-los até a maioridade são limitadíssimos; se, além da falta de recursos existem ainda problemas de todo gênero, inclusive de técnica direcional, de auxiliares subalternos, de governantes à altura do espinhoso mandato?

Muitos desses adolescentes são órfãos. Os parentes, às vezes irmãos, ou tios, ou cunhados, ou até mesmo mães e pais, porque, infelizmente, todos esses são comparsas do lamentável drama, não os querem em casa, por esta ou aquela razão. Ficam, então, ao abandono as infelizes criaturinhas, completamente desprotegidas. Conheci meninas, desligadas, aos

12 anos, do Lar em que foram criadas, semianalfabetas, completamente inabilitadas para qualquer trabalho, cuja sorte foi a prostituição antes dos 20 anos de idade; e meninos que, rejeitados por cunhados e tios, desligados na mesma idade do orfanato, dormiam ao relento ou pelas garagens, até que algum operário mais humano os protegesse de alguma forma. Um deles, caridosamente recolhido por um amigo meu, interrogado sobre o que sabia fazer a fim de empregar-se em alguma casa honesta, assim habituando-se bênção do trabalho, respondeu apenas: "Eu sei lavar pratos, descascar batatas, varrer quintal". Então foi colocado em uma casa de pasto de quarta ordem, pois mal sabia soletrar as palavras. E só Deus sabe o que aconteceu depois...

O grande evangelizador Vinícius (Pedro de Camargo), honra da literatura evangélica em nosso país, expressa este conceito em um dos seus belos livros:

> O orfanato para crianças é um mal necessário devido à dureza do nosso coração. Ele existe porque nós, os pais de família, fechamos as portas do nosso lar para os órfãos. O que devíamos fazer era adotar um órfão, uma criança abandonada, como filhos nossos, abrindo para eles as portas do coração.

E nós outros acrescentamos: se no momento atual é um tanto perigoso adotar uma criança desconhecida, já crescida, adotamos então as já asiladas nos *lares*, porquanto estas ali estarão por tempo diminuto, ou as recém-nascidas, mais fáceis de educar à feição da família a adotar. Destas, existem milhares que são abandonadas pelas próprias mães, geralmente solteiras, no próprio hospital ou nas latas do lixo, como frequentemente vemos; outras, nascidas na extrema miséria, são enroladas em jornais até que e as damas da caridade lhes levem roupas e agasalhos.

A criança compreende que está asilada porque ninguém a quer em seu lar, foi rejeitada não só pela própria parentela como pelos demais que, muitas vezes, as visitam em seu abrigo. Daí, certamente, a revolta da criança criada em orfanatos, a *ingratidão* a ela atribuída, a amargura irremediável daqueles que ali viveram a sua infância.

Em *O evangelho segundo o espiritismo*, de Allan Kardec, cap. XIII, item 18, vemos esta comovente lição intitulada *Os órfãos,* assinada por Um Espírito familiar:

> Meus irmãos, amai os órfãos. Se soubésseis quanto é triste ser só e abandonado, sobretudo na infância! Deus permite que haja órfãos, para que lhes sirvamos de pais. Que divina caridade amparar uma pobre criaturinha abandonada, evitar que sofra fome e frio, dirigir-lhe a alma, a fim de que não desgarre para o vício! Agrada a Deus quem estende a mão a uma criança abandonada, porque compreende e pratica a sua Lei. Ponderai também que muitas vezes a criança que socorreis vos foi cara noutra encarnação, caso em que, se pudésseis lembrar-vos, já não estaríeis praticando a caridade, mas cumprindo um dever. Assim, pois, meus amigos, todo sofredor é vosso irmão e tem direito à vossa caridade; não, porém, a essa caridade que magoa o coração, não a essa esmola que queima a mão em que cai, pois frequentemente bem amargos são os vossos óbolos! Quantas vezes seriam eles recusados, se na choupana a enfermidade e a morte não os estivessem esperando! Dai delicadamente, juntai ao benefício que fizerdes o mais precioso de todos benefícios: o de uma boa palavra, de uma carícia, de um sorriso amistoso. Evitai esse ar de proteção, que equivale a revolver a lâmina no coração que sangra e considerai que, fazendo o bem, trabalhais por vós mesmos e pelos vossos.

Mas não vamos pensar que estes conselhos apenas nos impelem a criar orfanatos. Impelem, sim, a nos tornarmos pais dos órfãos, dos abandonados. Mercê de Deus possuímos, sob inspiração do Espiritismo cristão, lares, orfanatos que podemos qualificar, no gênero como modelares. Mas são raros. Alguns, premidos pela falta de recursos insolúveis e circunstâncias outras irremediáveis, veem, como única solução, restituir a criança aos 7 anos de idade, ou seja, adotam-na apenas dos 3 aos 7 anos.

Mas restituí-la a quem, se é órfão e a parentela não a quis ou não a pode criar e educar?

Possuímos um Mestre que se sacrificou por nós: deixou os páramos celestes, à direita do Pai Todo-Poderoso; fez-se homem, habitou entre nós, suportou toda sorte de vexames, acusações, martírios, a fim de ensinar a prática do verdadeiro bem e do verdadeiro amor. Que devemos fazer então, em vista da angústia em que vemos soçobrar a criança desvalida de nossa Terra?

Sim, como diz Vinícius: abrir as portas do coração, descerrar os ferrolhos que trancam as portas do nosso lar e adotar os órfãos como filhos; adotar um, dois, três órfãos, consoante nossas posses financeiras, dar-lhes o nosso nome, dar-lhes o nosso lar, assim salvaguardando-os do abismo em que vemos se perderem esses infelizes abandonados pela sociedade comodista e egoísta, os quais aos 12, aos 15 anos de idade são como vemos, homicidas, entregues ao vício e à prostituição... pois, é bem possível que, adotando órfãos, acolhamos anjos, sem o saber, como lembra o grande apóstolo Paulo em sua epístola aos hebreus...

Façamos isso, irmãos! Façamos isso, irmãs que não podem ser mães, ou que se tornam neurastênicas pela falta de uma ocupação objetiva e nobre, façamos isso como agradecimento ao Cristo de Deus, que nos retirou dos crimes de outras encarnações para os trabalhos do Bem que hoje desejamos realizar.

E teremos, por certo, prestado um bom testemunho de obediência e amor à lei de nosso Pai, que está nos céus.

DEPOIS DO CALVÁRIO

O evangelista Lucas, erudito autor do livro *Atos dos apóstolos*, que integra o Novo Testamento de N.S. Jesus Cristo, não esclarece em suas páginas o nome de certo aleijado, um pobre invalido que, em Jerusalém, todos viam posto a uma das muitas portas de ingresso do grande pátio do Templo, chamada Porta Formosa, implorando tristemente a caridade

Nestas divagações, que oferecemos aos jovens estudantes do Evangelho, para recreio e comentários durante o serão no lar, chamaremos *Pobrezinho* aquele nosso irmão.

***

Nascera o Pobrezinho enfermo e estropiado, crescera sob a humilhação da anormalidade física e a angústia de irremediável pobreza, que o forçavam a viver da compaixão dos corações bem formados, os quais o agraciavam com esmolas e favores.

A esse infeliz, jamais fora permitido participar dos folguedos infantis, porque, frágeis, mirradas pela doença, anormais, suas pernas desde a infância lhe haviam negado o prazer de se poder unir aos demais jovens para as correrias álacres e incansáveis... E depois, feito homem, incapacitado para o trabalho, nada mais lhe restaria senão a conformidade com a miséria e as insuperáveis amarguras de que se via rodeado, resignando-se ao destino que dele fazia um grande sofredor.

Os fiéis israelitas que acorriam ao Templo, para o seu culto a Deus, passavam, indiferentes, sem lhe prestarem a devida atenção... ou lhe atiravam, na mão esquálida e tremente, pequenas moedas que o Pobrezinho agradecia com os olhos tristes, o coração acomodado às dores e humilhações de todos os dias...

Certa vez, contando ele já a idade adulta, apareceu em Jerusalém, provindo da Galileia, um jovem a quem chamavam Jesus Nazareno. Desse jovem soubera ele, por intermédio de muitas vozes, que, sob o contato das suas mãos protetoras e generosas, os cegos recuperavam a vista, os paralíticos caminhavam, os coxos se levantavam, os leprosos se curavam, os loucos recobravam a razão e até os mortos ressuscitavam... E todos os deserdados e desgraçados eram beneficiados e consolados!...

Ouvia dizer também que esse Nazareno amoroso e bom, nascido na Cidade de David, era o Cristo de Deus anunciado pelos profetas antigos, o Messias que viria para a redenção das ovelhas de Israel, ensinando uma Doutrina toda nova, de Amor e de Perdão... E desejou, então, igualmente conhecer o moço de Nazaré, de quem diziam tantas maravilhas, na esperança de, como os demais enfermos, também ser curado daquele estropiamento que o martirizava desde o berço. Para isso, se lhe diziam que Jesus Nazareno perambulava por aqui ou por ali, na Judeia ou pela Galileia, lá se ia à sua procura, penosamente se arrastando através das estradas rudes, segurando-se as muletas, exausto e aflito sob o rigor do Sol, das pedras e da poeira dos caminhos... Mas a multidão, ávida da presença do querido Mestre, interceptava-lhe os esforços, impedindo-o de aproximar-se dele para suplicar também a celeste dádiva, como faziam tantos:

— Compadece-te de mim também, Senhor, filho de Deus vivo!...

Depois do calvário

Às vezes, as brisas refrigerantes dos lagos tranquilos ou as virações das colinas, onde o moço gostava de se deter, a fim de orar ou discursar, ensinando aos simples e de coração manso a sua Doutrina Redentora, traziam até os ouvidos atentos do Pobrezinho o eco sedutor da sua voz sublime, a qual calava tão bem no âmago do seu ser que era como se esperanças irrompessem das profundezas da sua alma em jorros reanimadores, enternecendo-o, depois, até as lágrimas:

— Bem-aventurados os que choram, porque serão consolados...

— Bem-aventurados os que se humilham, porque serão exaltados...

— Vinde a mim vós que sofreis, e eu vos aliviarei...

— Pedi, e dar-se-vos-á; buscai, e achareis; batei, e abrir-se-vos-á. Porque todo o que pede, recebe; e o que busca, acha; e a quem bate, abrir-se-á...[9]

Durante três anos aquele Messias divino perlustrou as pobres terras da Galileia, da Judeia e até da Samaria, curando, animando e servindo a quantos encontrava em seu caminho... Mas, ao coxo da Porta Formosa jamais fora possível apresentar-se à sua frente...

E esperava, esperava sempre, a oportunidade que tardava tanto!...

...Até que surpreendeu-o a tragédia inominável: o jovem Nazareno fora preso por deliberações do Sinédrio, o grande tribunal religioso de Jerusalém, supliciado e morto na Cruz, entre dois malfeitores vulgares...

Ainda assim, desejara o Pobrezinho subir também ao Calvário, como aquela multidão que acompanhava o condenado; vê-lo, conhecê-lo

---
[9] Dos Evangelhos.

ainda que somente à distância, contemplá-lo, ainda que a hora da suprema agonia, nos braços da sua Cruz...

Mas nem isso lhe fora também possível: suas pernas negavam resistência para a escalada penosa sob o rigor do Sol, e ninguém encontrou bastante amorável e caridoso, para lhe auxiliar o intento, amparando-o até aos pés da Cruz!...

Então, recolheu-se, resignado, a desolação de sempre, na Porta Formosa, certo de que outro não fora o destino que trouxera ao vir ao mundo...

***

Mas... O Nazareno crucificado não esquecia aqueles que depositavam esperança no seu amor...

Algum tempo depois do drama do Calvário, lá estava ainda o Pobrezinho, sentado junto da Porta Formosa. De sua alma, porém, fugira a esperança, que um dia o arrebatara, de se tornar sadio e ágil...

Mas eis que...

Numa tarde inesquecível, além, caminhavam, dirigindo-se ao Templo, por aquela mesma Porta, dois vultos masculinos, dois varões cujos semblantes como que irradiavam simpatia... Eram eles – um jovem de cerca de 20 anos de idade apenas, belo, de cabelos longos, pelos ombros, por nome João Ben-Zebedeu — filho de Zebedeu — e outro de idade madura, apresentando cerca de 43 ou 44 anos, chamado Simão Barjonas, mas apelidado *Pedro* — ambos antigos pescadores da Galileia, amigos dos mais íntimos e companheiros fiéis do Nazareno supliciado...

Aproximaram-se mais e mais e, agora, já subiam as escadas da Porta Formosa...

O Pobrezinho fitava-os, singularmente atraído... E, quando viu que os dois estavam à sua frente, estendeu a mão trêmula e esquálida, na súplica humilhada para a esmola do corpo, como a todos que por ali passavam fazia diariamente:

— Senhor! Tem compaixão deste pobre, que te pede uma esmola...

Os dois homens pararam, sentindo que algo extraordinário se iria passar naquele instante. Comovido, o coração exaltado por uma chama celeste, como se das amplidões do Infinito o divino Mestre o impulsionasse com as suas sublimes virtudes. Pedro descansou o olhar no Pobrezinho, *juntamente com João, o Discípulo Amado,* e disse-lhe:

— Olha para nós!

— Estou olhando, Senhor! — respondeu humildemente, receoso, admirado, esperando o favor solicitado...

Então, Pedro falou com vigor e convicção, e sua voz, repercussão possante de uma ordem celestial que se desdobrava infiltrando-se pelos meandros físicos e psíquicos do enfermo, vibrou, imperativa, qual choque poderoso que a este sacudisse para as alvoradas de uma vida nova! Falou Pedro:

—Não temos prata nem ouro, e por isso não te daremos uma esmola. Mas, o que temos, isso te daremos: Em nome de Jesus Cristo, Nazareno, levanta-te e anda!

Acrescenta Lucas que, de um salto, o estropiado se pôs de pé e, balançando no ar as muletas agora inúteis, louco de alegria e de felicidade, entrou no Templo louvando a Deus, sendo, todos quantos ali se achavam, testemunhos oculares do sublime feito que, em nome de Jesus Cristo, Nazareno, o seu Apóstolo acabava de realizar![10]

Meu amigo, se cultivares os dons da alma na Fé sem dúvidas e na renúncia ao mundo para a comunhão com as Forças superiores do Alto, das quais é Jesus o generoso distribuidor; se amares a beneficência e através dela desejares socorrer e servir o teu próximo sofredor, por amor àquele próprio Mestre Galileu, a quem tanto devemos, tal como Simão Pedro, que o amou até ao sacrifício, um dia poderás também dizer a um coxo ou a um estropiado: "Em nome de Jesus Cristo, levanta-te e anda...".

E o Nazareno virá a ti, beneficiando o sofredor hoje, por teu intermédio, como ontem por intermédio dos seus Apóstolos...

ANÍBAL SILAS[11]

---

[10] ATOS DOS APÓSTOLOS, 3:1 a 10.
[11] N.E.: Espírito de grande elevação, cujas atividades são descritas na obra *Memórias de um suicida*, ditada por Camilo Castelo Branco à médium Yvonne A. Pereira, edição da FEB.

À LUZ DO CONSOLADOR					
EDIÇÃO	IMPRESSÃO	ANO	TIRAGEM	FORMATO
1	1	1997	5.000	13x18
2	1	1997	5.000	13x18
3	1	1998	10.000	13x18
4	1	2015	2.000	16x23
4	2	2015	1.000	16x23
4	3	2016	2.500	16x23
4	POD*	2021	POD	16x23
4	IPT**	2022	100	16x23
4	IPT	2023	200	16x23
4	IPT	2023	100	15,5x23
4	IPT	2023	100	15,5x23
4	IPT	2024	300	15,5x23
4	IPT	2025	200	15,5x23

*Impressão por demanda
**Impressão pequenas tiragens

O EVANGELHO NO LAR

Quando o ensinamento do Mestre vibra entre quatro paredes de um templo doméstico, os pequeninos sacrifícios tecem a felicidade comum.[1]

Quando entendemos a importância do estudo do Evangelho de Jesus, como diretriz ao aprimoramento moral, compreendemos que o primeiro local para esse estudo e vivência de seus ensinos é o próprio lar.

É no reduto doméstico, assim como fazia Jesus, no lar que o acolhia, a casa de Pedro, que as primeiras lições do Evangelho devem ser lidas, sentidas e vivenciadas.

O espírita compreende que sua missão no mundo principia no reduto doméstico, em sua casa, por meio do estudo do Evangelho de Jesus no Lar.

Então, como fazer?

Converse com todos que residem com você sobre a importância desse estudo, para que, em família, possam compreender melhor os ensinamentos cristãos, a partir de um momento de união fraterna, que se desenvolverá de maneira harmônica e respeitosa. Explique que as reflexões conjuntas acerca do Evangelho permitirão manter o ambiente da casa espiritualmente saneado, por meio de sentimentos e pensamentos elevados, favorecendo a presença e a influência de Mensageiros do Bem; explique, também, que esse momento facilitará, em sua residência, a recepção do amparo espiritual, já que auxilia na manutenção de elevado padrão vibratório no ambiente e em cada um que ali vive.

Convide sua família, quem mora com você, para participar. Se mora sozinho, defina para você esse momento precioso de estudo e reflexões. Lembre-se de que, espiritualmente, sempre estamos acompanhados.

Escolha, na semana, um dia e horário em que todos possam estar presentes.

O tempo médio para a realização do Evangelho no Lar costuma ser de trinta minutos.

---

[1] XAVIER, Francisco Cândido. *Luz no lar*. Por Espíritos diversos. 12. ed. 7. imp. Brasília: FEB, 2018. Cap. 1.

As crianças são bem-vindas e, se houver visitantes em casa, eles também podem ser convidados a participar. Se não forem espíritas, apenas explique a eles a finalidade e importância daquele momento.

O seguinte roteiro pode ser utilizado como sugestão:

1. Preparação: leitura de mensagem breve, sem comentários;
2. Início: prece simples e espontânea;
3. Leitura: *O evangelho segundo o espiritismo* (um ou dois itens, por estudo, desde o prefácio);
4. Comentários: breves, com a participação dos presentes, evidenciando o ensino moral aplicado às situações do dia a dia;
5. Vibrações: pela fraternidade, paz e pelo equilíbrio entre os povos; pelos governantes; pela vivência do Evangelho de Jesus em todos os lares; pelo próprio lar...
6. Pedidos: por amigos, parentes, pessoas que estão necessitando de ajuda...
7. Encerramento: prece simples, sincera, agradecendo a Deus, a Jesus, aos amigos espirituais.

As seguintes obras podem ser utilizadas nesse momento tão especial:

- *O evangelho segundo o espiritismo*, como obra básica;
- *Caminho, verdade e vida*; *Pão nosso*; *Vinha de luz*; *Fonte viva*; *Agenda cristã*.

Esse momento no lar não se trata de reunião mediúnica e, portanto, qualquer ideia advinda pela via da intuição deve permanecer como comentário geral, a ser dito de maneira simples, no momento oportuno.

No estudo do Evangelho de Jesus no Lar, a fé e a perseverança são diretrizes ao aprimoramento moral de todos os envolvidos.

FEB editora
Livro espírita para um novo mundo
www.febeditora.com.br
@febeditoraoficial
@febeditora

Conselho Editorial:
Carlos Roberto Campetti
Cirne Ferreira de Araújo
Evandro Noleto Bezerra
Geraldo Campetti Sobrinho – Coord. Editorial
Jorge Godinho Barreto Nery – Presidente
Maria de Lourdes Pereira de Oliveira
Miriam Lúcia Herrera Masotti Dusi

Produção Editorial:
Elizabete de Jesus Moreira

Revisão:
Davi Miranda
Elizabete de Jesus Moreira

Capa e Projeto Gráfico:
Ingrid Saori Furuta

Diagramação:
Helise Oliveira Gomes

Foto de Capa:
http://www.shutterstock.com/ Pawel Gaul

Normalização Técnica:
Biblioteca de Obras Raras e Documentos Patrimoniais do Livro

Esta edição foi impressa no sistema de Impressão pequenas tiragens, em formato fechado de 155x230 mm e com mancha de 116,4x180 mm. Os papéis utilizados foram o Off white 80 g/m² para o miolo e o Cartão 250 g/m² para a capa. O texto principal foi composto em fonte Minion Pro 11,5/15,2 e os títulos em Filosofia Grand Caps 24/25. Impresso no Brasil. *Presita en Brazilo.*